ソフト粘土でつくる
おしゃれ人形

宮井和子

NHKおしゃれ工房

CONTENTS

DOLLS 4

はじめに

ソフト粘土の魅力は軽くてやわらかく、カラー粘土を混ぜることで微妙な色彩を生み出せることです。今までのような彩色の作業がなくなり、さらに手軽に、さらに楽しく造形することができるようになりました。

今回のテーマである人形や小物たちは色粘土を使うことによって、イメージをふくらませながら楽しく制作することができました。たいした道具は必要ありませんので、気軽に始められます。人形は難しいと思われていた方もぜひチャレンジしてみてください。基本は、「混ぜる」「丸める」「ロープにする」。これがポイントです。まずはひびが入っても、バランスが少々悪くても、最後まで完成させましょう。

失敗は成功のもと!

あなた自身の個性ある人形ができれば、思わず微笑んでしまうことでしょう。少々難ありでもそこがかわいいのです。いくつかつくっているうちにすぐコツがつかめることでしょう。

LET'S TRY!!

宮井和子

人形で遊ぶ 22

ソフト粘土
基礎知識とテクニック 37

パーツの作り方 44

口絵作品の作り方 53

パリジェンヌ

作り方54ページ

人形たちの小さな世界をのぞいてみると、
そこにはいろいろな物語が広がっていました。

ボンジュール、マダム。
パリの街角で、ウインドーショッピング。
今日はどんなおしゃれをして出掛けましょうか？
今にも動き出しそうな、パリジェンヌたち。
ちょっとカフェでひと休み？
そんなパリの街角のひとコマ。

ベビーエンゼル

作り方56ページ

雲の上をふわふわ、ふわふわ
とんだり、はねたり、ころんだり……。
生まれたばかりのベビーだけど、
小さな羽根が、背中にあるから、こんなに上手に遊べるよ。
雲の上をふわふわ、ふわふわ
ねぼけまなこのエンゼルも　ほら！　見つけたよ。

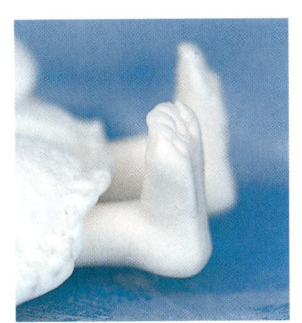
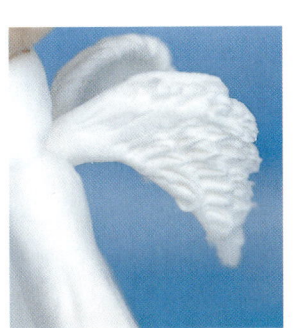

ピエロ

作り方58ページ

待ちに待ったサーカスが
小さな村にやってきました。
大観衆の中、スポットライトを浴びる道化師たち。
おどけたしぐさに
拍手と大歓声がいっせいにわき起こります。
小さな村に訪れた幸せなひととき。

コックさん

作り方60ページ

鍋を振ったり、野菜をゆでたり、お皿を洗ったり、
ランチタイムのコックさんは、大忙し！
「さっきのオーダーはまだかい？」
厨房の中を、あっちへ行ったり、こっちへ来たり、
ランチタイムのコックさんは、大忙し！

太っちょさん

作り方61ページ

ワントゥー！　ワントゥー！
今日も、明日も、レッツ・ダンス！
ワントゥー！　ワントゥー！
運動音痴？　なんて、きっと気のせい。
ワントゥー！　ワントゥー！
今日は何を食べて帰ろうか？
そんな太っちょさんのダイエットタイム。

蝶の妖精

作り方62ページ

きれいなお花畑にしか現れない蝶の妖精。
今日は、どのお花畑で立ち話？
まるで、ないしょ話をしているみたいに、
そっとささやく、シャイな蝶の妖精たち。
春になると蝶の妖精の楽しそうな話し声が
きれいなお花畑に広がります。

BOYS & GIRLS

作り方63・64ページ

今日は、クラスのみんなでピクニック。
「みんな 一列に並んで座りましょう」
小高い丘でカシャ！ 記念写真を撮りました。
これが、僕たち、私たちの思い出の一枚。

エトワール

作り方65ページ

ガラスのように繊細で、
宝石のような輝きを放つ、
生まれながらにして高貴な貴公子、エトワール。
ときには優しく、ときには凛々しく。
スポットライトを全身に浴びながら、
華麗なジャンプで空中を舞う。
舞台にきらめく、愛しのエトワール。

村びと

作り方66ページ

昆虫や鳥、草花たちと一緒に、
はるか昔から、村びとたちは暮らしていました。
すべての命の源は、自然の恵み、太陽。
風の音、雲の動き、乾いた空気。
自然のささやきに耳を澄ませながら、
大地に逆らわず、ありのままを受け入れる
自然と共存する村びとたち。

人形で遊ぶ

粘土の人形をタイルに貼った、楽しい壁掛け

フェイスの壁掛け

作り方68ページ

窓辺に、こんなリアルな顔が飾ってあったら、
ちょっとびっくり！ 誰もが驚くかもしれません。
壁掛けはインテリアとしても楽しめる一品。
つくるのは正面だけだから、意外と簡単です。

face

body

ボディの壁掛け

作り方67ページ

You are looking as fresh as paint

It is ART that makes life

So What?

キャンバスに絵を描くような感覚で、
タイルに人形のボディを貼って遊んで。
ボディに動きをつけたユニークなデザインは、
タイルに貼るからこそできる技。

DOLL'S BOUTIQUE

おしゃれ人形のかわいい衣装部屋

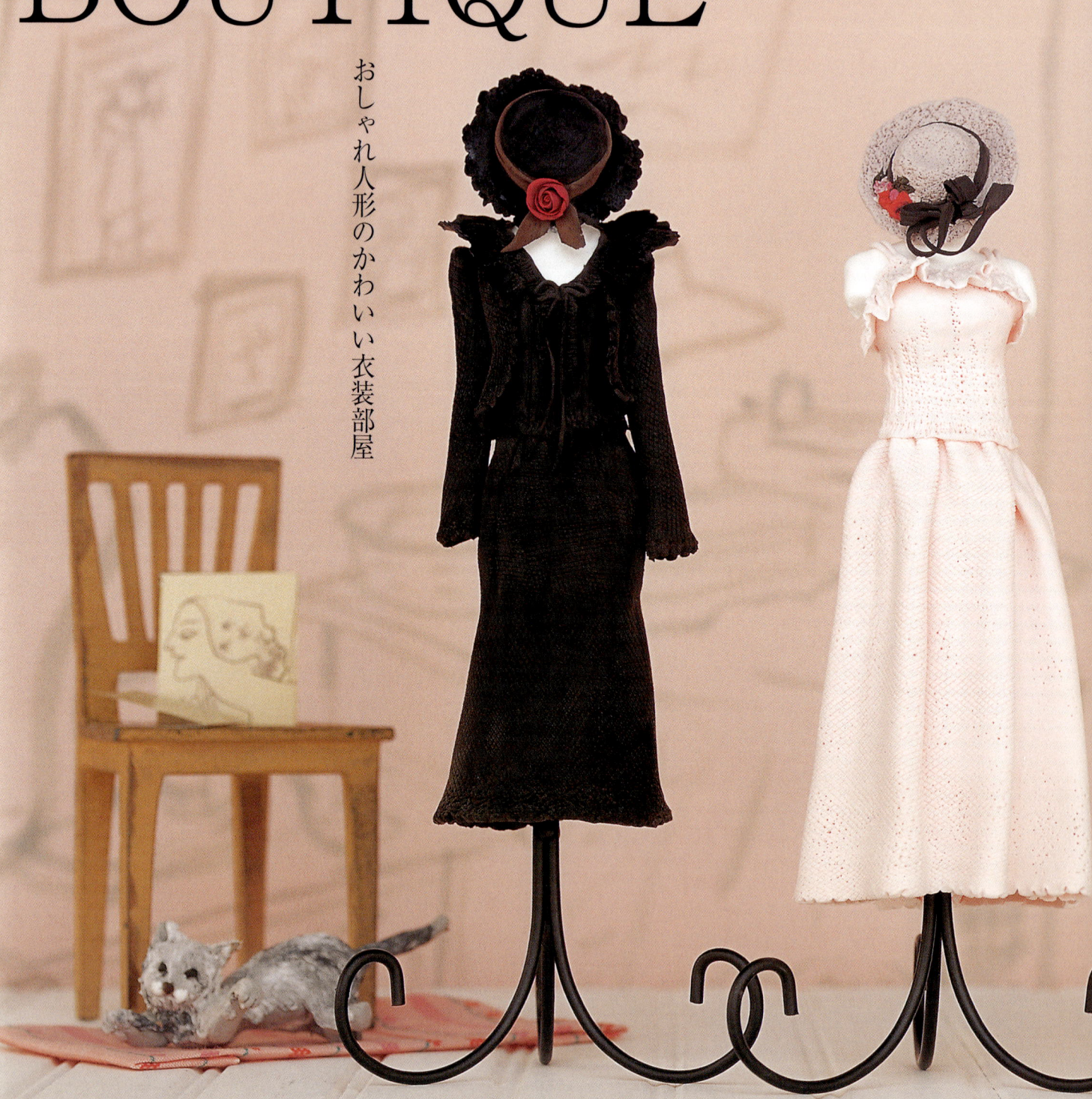

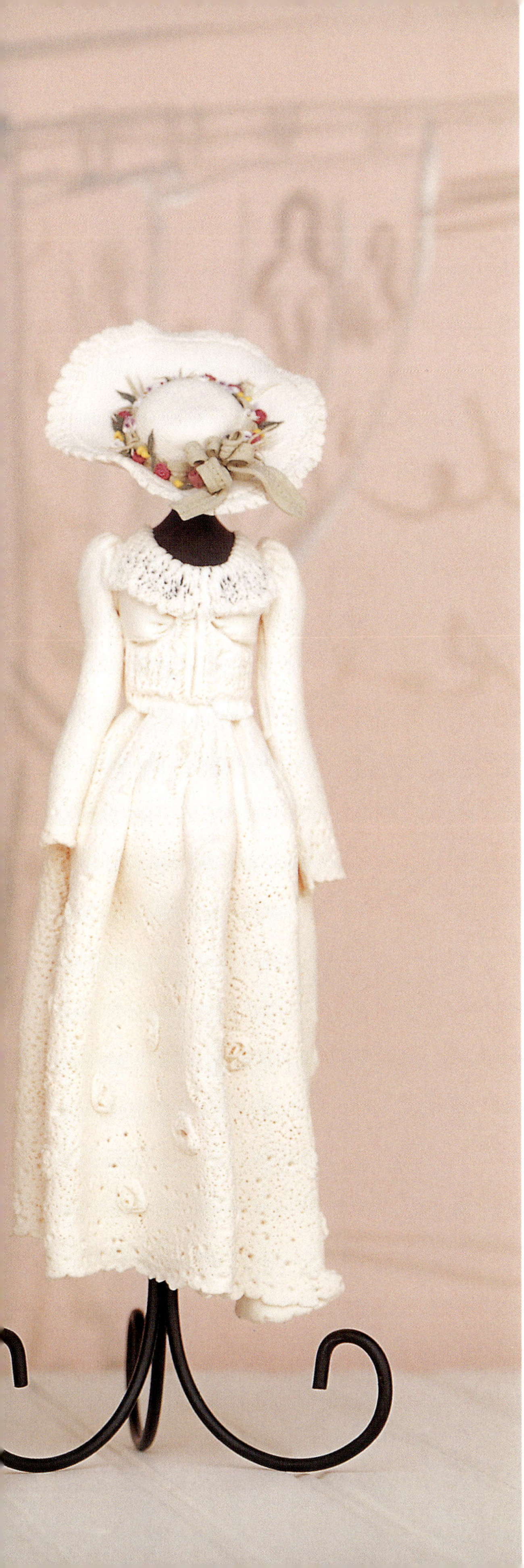

パリジェンヌたちは、ウインドーショッピングが大好き！
ウインドー越しに見える素敵な衣装につられて、
ブティックの中をのぞいてみたら、
こんなにかわいいおしゃれ小物がいっぱいありました。
おしゃれって楽しい！
そう女の人が感じるのは、人形の世界でも同じみたい……。
洋服だけではもの足りなくて、
靴や帽子、バッグや小物だって勢揃い！
幸せ気分を共有できる、おしゃれ人形のかわいい衣装部屋。

ドレス

作り方76ページ

靴

作り方70ページ

どれにしようか、迷いながら選ぶのが楽しい！
キュートなパンプスやサンダル、ブーツetc.…。

バッグ・帽子

作り方71・72ページ

帽子にバッグ、どちらも女心をくすぐるおしゃれアイテム。
今日のファッションにはどれが似合う？

bag,hat

ローズのパラソル

作り方74ページ

バラの花をモチーフにした、可憐な小物たち。
パリジェンヌらしい上品な装いで。

ワードローブ

作り方73ページ

ドレス、コート、帽子、バッグ、ブーツ……、
おしゃれ人形たちも、コーディネートを考えるのは大好き！

ソファとチェア

作り方78・79ページ

まるでリカちゃんハウスのようなかわいいお部屋。
本物そっくりの、ミニチュア家具がズラリ。
どんなおしゃれ人形の部屋にしようかな？

壁掛けドレス

作り方77ページ

人形のドレスを壁掛けにアレンジ。
平面だから、着せ替え人形の洋服をつくる感覚でできます。
壁の色や柄に合わせて、ドレスもコーディネート。
フレームに入れて、飾っても素敵です。

ギフトボックス

作り方72ページ

粘土でつくったレースやリボン、フラワーで、
プレーンなボックスに素敵な飾りつけをしてはいかが？
まるで布素材をあしらったような繊細な質感が魅力。
大切なものを入れるケースにしたり、
ギフトボックスとして、大事な人に贈っても喜ばれます。

ソフト粘土
基礎知識とテクニック

どの人形をつくるときも、必ず使う用具と材料、テクニック。
基本さえマスターすれば、どんな色、形、デザインも思いのまま。
粘土の楽しさが広がります。

用具と材料

ソフト粘土と用具さえあれば、この本で紹介したすべての人形がつくれます。

ソフト粘土

この本で使った粘土はたったの1種類。ソフト粘土という、樹脂を主原料とする超軽量の粘土です。従来の石粉粘土に比べると、その重さは、なんと3分の1！ 軽いだけでなく、たった7色の粘土を混ぜるだけで、絵の具で色をつくるように、あらゆる色をつくることができます。その発色の良さは驚くほどきれい！ また、どんな素材* とも相性が良く、くっつけたり、はがしたりするのも簡単。何より扱いやすいのが魅力です。

*伸縮しない素材なら、木、金属、紙、布など何でも接合可能。

用具

人形を形成するときや、模様つけ、素材感を出したいときに使う用具。これらを使いこなせばさらに粘土の楽しさが広がります。
①めん棒／粘土をシート状にのばしたり、ロープをつぶしてリボンにしたりする。
②ネット／粘土の上に敷き、めん棒でおさえ、粘土の表面に格子模様をつける。
③たわし／粘土の表面をたわしでたたき、ケバだった模様をつける。
④細工棒（細・太）／穴を開けたり、筋をつけたり、凹凸をつけたり、あらゆる作業に。
⑤両刃カッターナイフ／シート状にのばした粘土を切ったり、プリーツやフリルなどの細工にも。
⑥7本針／粘土の表面をおさえたり、線を引いたり、引っかいたりして模様をつける。
⑦はさみ／手足をつくったり、余分な粘土をカットする。先端で模様をつけることも可能。
⑧針／模様づけや色づけなど、細かい部分の作業に。
⑨ようじ／粘土の表面の模様づけに必須。1本、10本、30本、50本と束にして使い分けて。
⑩木工用ボンド／接合しにくい部分の補強のために使用。また粘土の補正にも使う。
⑪カッターナイフ／土台の芯となるスタイロホームなどをカットするときに使用。

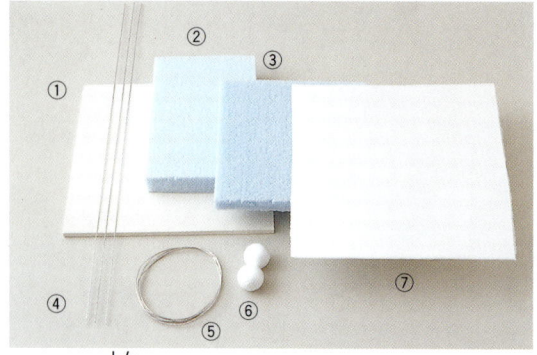

材料① 土台・芯

スタイロホーム（①1cm厚 ②2.5cm厚 ③1.5cm厚）／粘土がたくさん必要なときにあんことして使ったり、形をつくるときに下地として使ったり、または形が崩れないように芯として使う場合など、用途はいろいろ。
④針金／主に人形がしっかり立つように、足などに入れる。22番くらいの太さを用意。
⑤アルミワイヤー／足や手を自在に曲げられるやわらかい針金。細いものを使用。
⑥発泡スチロールボール（直径2cm）／スタイロホームと同様。丸いものの成形に。
⑦カンパネボード／発泡スチロールの芯を画用紙ではさんだ板。

材料② 飾りつけなど、その他のもの

①タイル／人形をのせて壁掛けとして使う。
②木製ボックス／まわりに粘土をくっつけてから、好きなデザインの飾りつけをする。
③羽根／粘土に差し込んだり、木工用ボンドでくっつけても。
④トルソーの足／人形の洋服だけを立体でつくる場合に使用。
⑤波形ワイヤー／波形になった銅線。天使の輪など、ちょっとした飾りつけに。
⑥グリッター／キラキラ光るラメの入った液体。
⑦ビーズ／人形の洋服など、かわいくゴージャスに演出できる。

基本テクニック

人形をつくるときに、必ず行う基本の作業。粘土の扱い方も一緒に覚えておきましょう。

丸める

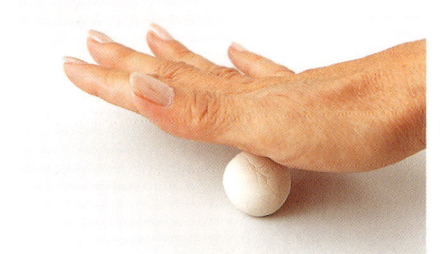

粘土は使うぶんだけ少量とり、手のひらを使って転がすようにまわして丸める。

のばす

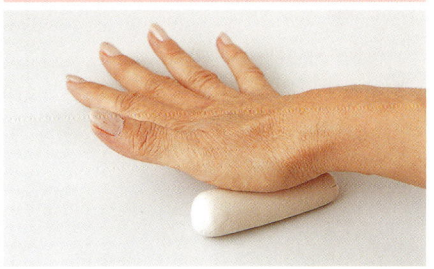

円筒形、またはロープ状にのばしたい場合は、丸めた粘土を手で前後に転がしてのばす。

混ぜる・こねる

粘土を必要なぶんだけとり、引っ張るようにしてこねる。粘土を混ぜるときも同様に。

のばす

丸めた粘土をめん棒で上下左右に広げる。通常、厚みはだいたい3mm程度に。

ロープをつくる

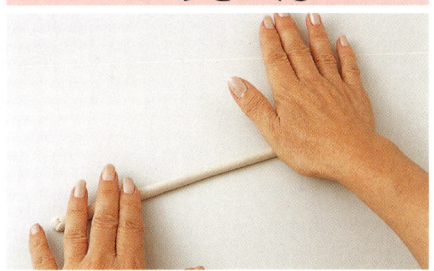

円筒形の粘土を、さらに左右の手を使って前後に転がし、細くのばす。

カットする

のばした粘土をつくりたい物の形に近い大きさにカッターナイフで線を引き、カットする。

リボンをつくる

均等な太さのロープにしたら、めん棒を端から転がして粘土をつぶし、リボンにする。

乾いたあとの補修①
ひび割れたり、ボリュームを足したい場合

ひび割れた部分に水をつけ、同色の粘土を少量足し、さらに水をつけてベースの粘土と同化させる。乾いたあとボリュームを足したい場合も同じ方法で。

乾いたあとの補修②
折れたり、壊れたりした場合

作品の一部が折れてしまった場合は、ボンドをつけて補修。乾いた粘土同士を接着する場合も、この方法で。

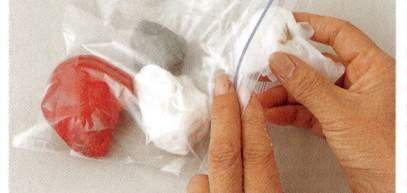
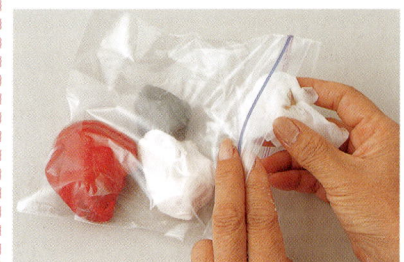

用具の使い方

いろいろな道具を使って、人形の洋服の質感などを表現します。

1 7本針を使う

●つつく
レースの模様などをつける。

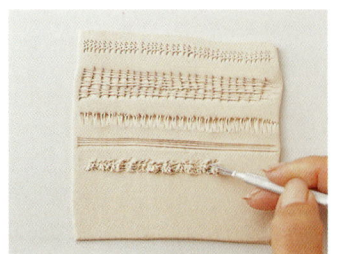

●引っかき出す
草や芝生や、髪の毛を描く。

●横にして押す
バスケットや麦わら帽子の編み目を表現。

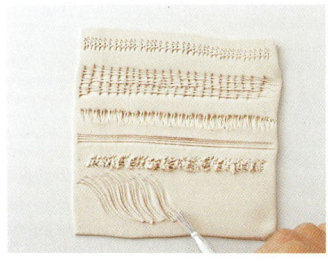

●波模様をつける
人形の髪の毛や動物の毛並みを表現。

●縦にしておさえる
レースの裾のフリルをつくる。

●ふちを押し込む
フリルの裾の処理、スカラップを表現。

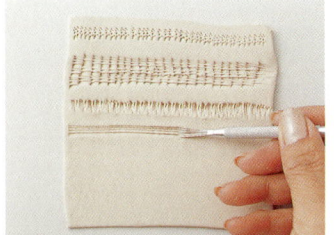

●線を描く
リボンの筋や、木の幹の雰囲気を出す。

2 たわしを使う

●たたく
布の表面の質感を出す。

3 ようじを使う

●たたく（40本）
たわしよりも粗めの質感をつける。

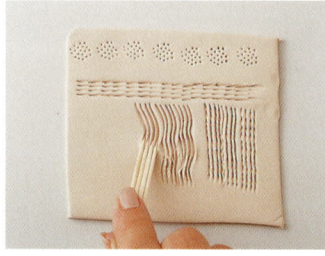

●波模様をつける（4本）
人形の髪の毛や動物の毛並みを表現。

●つつく（10本）
布の柄や模様をつける。

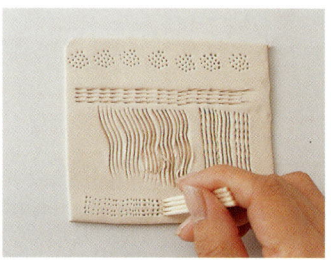

●つつく（4本）
刺しゅうの柄などを描く。

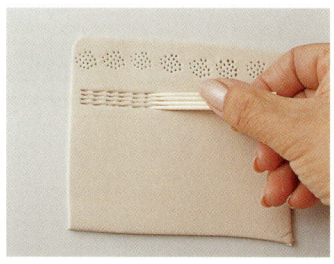

●横にして押す（4本）
セーターの模様などをつける。

●引っかき出す
草、芝生、髪の毛を描く。

●縦にて押し込む（4本）
セーターの縄編み模様をつけるときに。

4 ネットを使う

●粘土の上に敷いて
　めん棒でのばす
格子柄など布地の質感を出す。タオルなどで代用してもおもしろい。

40

応用テクニック

道具やテクニックを多用すると、いろんなディテールが思いのままに表現できます。

1 フリルのレースをつくる

プリーツをつける

粘土をリボン状にし、両刃カッターナイフで縦に線をつける。

レース模様をつける

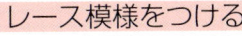

プリーツを寄せたリボンの上側だけ、10本束にしたようじでつつく。

フリルをつける

上側のふちを両刃カッターでおさえる。

おさえたところを指で持ち出す。

ギャザーを寄せる

縫い縮めるように下側の粘土を寄せる。

下側の粘土を指でつぶし、とめる。

カッターで下端を切りそろえる。

出来上がり。

2 フレアのスカート（ボディ）をつくる

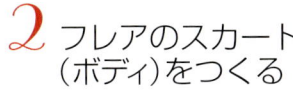

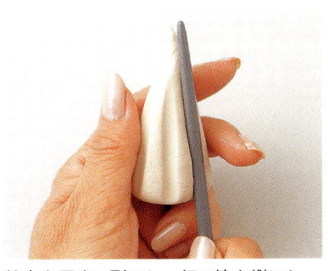

粘土を円すい形にし、細工棒を縦にしておさえ、フレアの感じを出す。

指で裾を持ち出す。

3 （リボンや洋服の）ドレープを寄せる

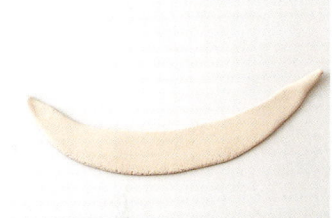

粘土を月形にのばす。

指に水をつけ、指先で線を何本か入れる。

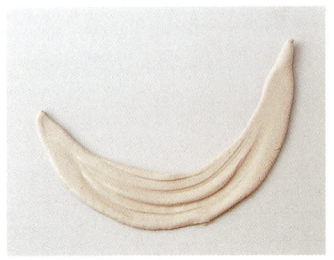

出来上がり。

色の作り方

7色の粘土を混ぜ合わせ、さまざまな色を生み出してみましょう。

粘土の分量の目安

色の配合をするとき、粘土はだいたいの目分量をとって混ぜます。大きさの目安として、この本では、卵大、くるみ大、梅干し大、さくらんぼ大、大豆大、米粒大という大きさで表示しました。 これはおおよその目安なので、もし色が足りない場合は足し、多いと思ったら取り除いて、加減をして配合しましょう。

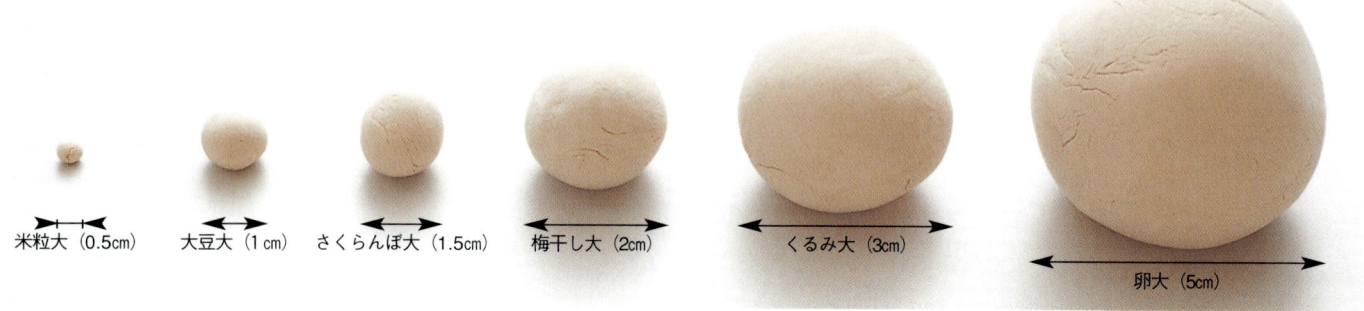

米粒大 (0.5cm)　　大豆大 (1cm)　　さくらんぼ大 (1.5cm)　　梅干し大 (2cm)　　くるみ大 (3cm)　　卵大 (5cm)

肌の色の作り方

肌の色は、人形の顔をつくるときに不可欠な色。ほんのりいい肌の色をつくるには、少しだけコツが必要です。一度につくりたい肌の色をつくるのは難しいので、濃い肌の色を一度つくってから、さらに白を混ぜるのがポイント。

1
大豆大の赤と黄色と、卵大2つ分の白粘土を用意。

2
赤と黄色の粘土をよく混ぜ、赤オレンジにする。

3
白を半分とり、2でつくった赤オレンジと混ぜる。

4
粘土を引っ張るようにしてよくこねて混ぜ、濃い肌の色をつくる。

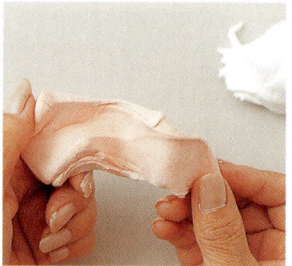

5
4の濃い肌の色の半分を、3の残りの白に混ぜる。残りの濃い肌の色は原色としてとっておく。

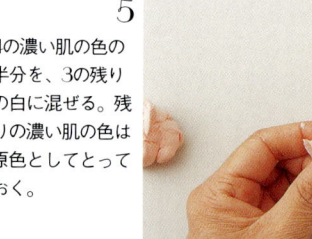

6
ムラがなくなるまで、20〜30回ほど、よくこねて混ぜる。

乾いてから色づけする

用意するもの
アクリル絵の具（不透明なもの〈ガッシュ〉）、ペーパーパレット、筆数本、針

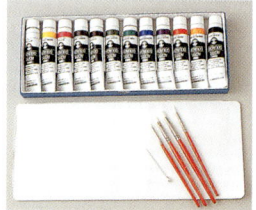

黒は色を塗って仕上げ
黒の粘土は、乾燥して時間がたつと、だんだん白茶けた色になるので、粘土が乾いたら、上から黒い絵の具で塗ると、きれいな仕上がりに。

ドット模様
洋服のドット模様は針の先に絵の具をつけ、色づけする。人形の目も同様に。

ストライプ模様
人形の洋服の柄や模様は、面相筆で描く。ストライプだけでなく、花柄なども同様に。

色の配合表

よく使う基本の色、難しい色を配合するときの分量一覧。

1 基本の色、難しい色の配合

7色のソフト粘土を混ぜて色をつくります。粘土の大きさは左ページ参照。

黄（さくらんぼ大） ＋ 赤（大豆大） ＝ オレンジ　A

赤（さくらんぼ大） ＋ 青（さくらんぼ大） ＝ 紫

赤（さくらんぼ大） ＋ 黒（大豆大） ＝ えんじ

黄（さくらんぼ大） ＋ 青（大豆大） ＝ ライトグリーン　B

白（さくらんぼ大） ＋ 赤（米粒大） ＝ ピンク　C

白（さくらんぼ大） ＋ 黒（大豆大） ＝ グレー

白（さくらんぼ大） ＋ 青（大豆大） ＝ 空色　D

白（さくらんぼ大） ＋ 茶（米粒大） ＝ ベージュ

茶（さくらんぼ大） ＋ 青（さくらんぼ大） ＝ 藍色　E

2 落ち着いた色にする

基本の色の配合に茶を少量混ぜるだけで、落ち着いた色に。

A（くるみ大） ＋ 茶（大豆大） ＝ a

B（くるみ大） ＋ 茶（大豆大） ＝ b

C（くるみ大） ＋ 茶（大豆大） ＝ c

D（くるみ大） ＋ 茶（大豆大） ＝ d

3 白のバリエーション

白にほんの少量、落ち着いた色を混ぜると、深みのある白が生まれます。

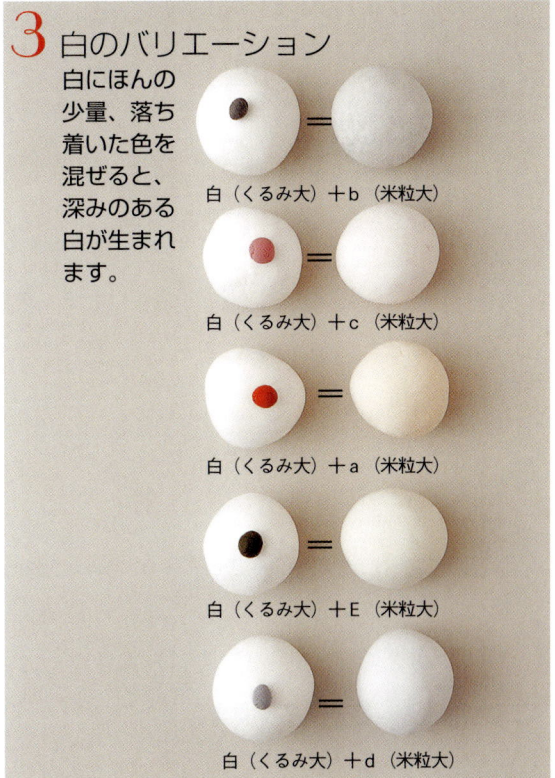

白（くるみ大） ＋ b（米粒大）

白（くるみ大） ＋ c（米粒大）

白（くるみ大） ＋ a（米粒大）

白（くるみ大） ＋ E（米粒大）

白（くるみ大） ＋ d（米粒大）

Head [頭]

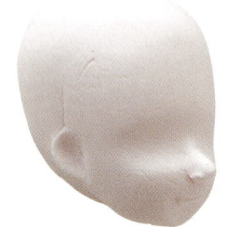

基本

子どもの頭

おでこの面積を広くとり、顔の造作を
大きくせず、平面的な顔に仕上げると、
幼さが表現できます。

目

1
肌の色の粘土をま
ゆ形に丸め、下3
分の1のところ
に、細工棒で目の
くぼみをつける。

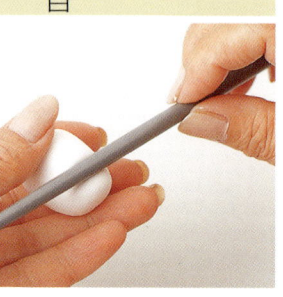

鼻

2
鼻の位置に、針を
下から差し入れて
持ち上げ、鼻筋を
つくる。

3
肌の色の粘土を小
さな涙形に丸めて、
鼻をつくる。

4
鼻を2の穴に入れ、
水をつけて同化さ
せる。細工棒で鼻
の形を整える。

口

5
針を使って口の筋
をやさしく一文字
に引く。

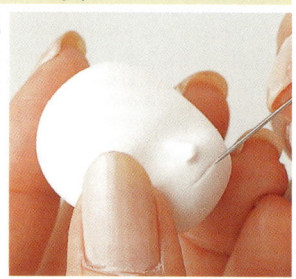

6
細工棒で口角の部
分をおさえる。

7
口の線の下に、下
唇の線を細工棒で
軽く入れる。

8
下唇の下を爪の先
で引っ張り出し、
あごを平らにする。

首

9
あごのラインに、
はさみで切り込み
を入れる。

10
カットした粘土を
下に伸ばし、あご
から首のラインを
整える。

11
襟足からあごまで
のラインをはさみ
でカットする。

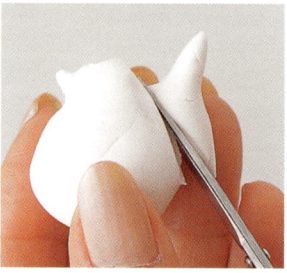

12
細工棒で首に穴を
開け、顔の形を整
える。

耳

13
耳は、爪の先で粘
土を持ち出すよう
にしてつくる。

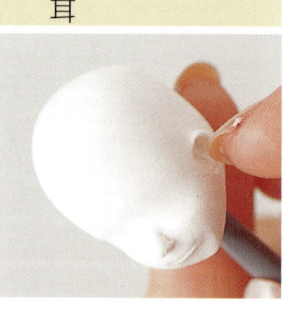

人形づくりで、最も大事なのが顔。頭や顔の輪郭を整え、顔の下地をつくります。
子どもの顔を基本に、個性をプラスしていけば、いろいろなキャラクターの人形が生まれます。

応用

女性の頭

子どももより少し面長で、目の位置は、真ん中くらい。鼻筋をとおし、あごを細くするとより女性らしい雰囲気に。

鼻

1

針を目頭のところまで長めに入れて穴をあけ、しっかり鼻筋を入れる。

2

子どもより細長い涙形の鼻をつけ、鼻の両脇を細工棒で整え、鼻筋をとおす。

仕上げ

3

仕上げに、細工棒で目のくぼみを軽くおさえる。

4

目からあごにかけて、顔の両脇を指でおさえ、あごを細く仕上げる。首や耳は子どもと同様に。

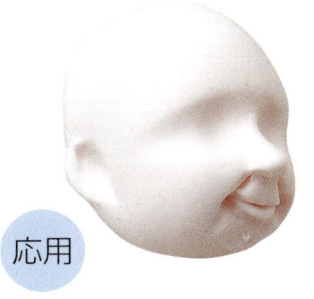

応用

男性の頭

丸に近いまゆ形からつくり始め、目の位置は真ん中より少し上めに。全体的に肉付きよく、彫りを深くするのがポイント。

鼻

1

女性と同様に鼻筋を入れる。ボテっとした涙形の鼻をつくり、鼻を座らせる。

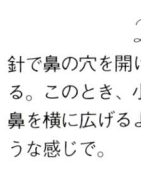

2

針で鼻の穴を開ける。このとき、小鼻を横に広げるような感じで。

口

3

ようじを使って、頬の下にハの字を入れ、頬のふくらみを出す。

4

唇のラインもようじで入れる。先に、一文字に深く線を引いたあと、下唇の線も入れる。

5

細工棒で口角をおさえ、頬をさらに出っ張らせる。

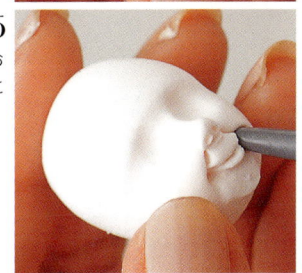

仕上げ

6

仕上げに細工棒で目のくぼみを深めにおさえる。これでより男性らしい表情に。

7

耳も深めに爪で持ち出す。あごや首は切り落とさず、丸い形のまま仕上げる。

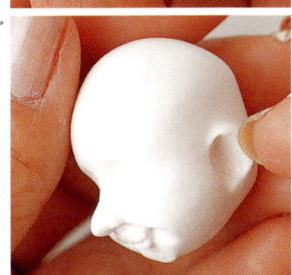

Hair & Face [髪・顔]

基本

子どもの髪・顔

顔は、針や細い筆を使って、小さめ、薄めに色をのせるのがポイント。髪の毛は7本針でつけていくだけで、十分雰囲気が出せます。

仕上げ

8
赤、黄、白の絵の具を混ぜて肌の色をつくり、水で薄めてから頬に丸く入れる。

9
唇のへこんでいるところに、肌の色の絵の具を水で薄めずに塗る。

10
耳のくぼみや髪の毛の生えぎわなどに、水で薄めた肌の色を入れ、影をつける。

11
最後に、瞳の真ん中に白を針で入れると、まるで生きているかのような表情に。

目

4
茶、白、赤、黄色などの絵の具を用意。ペーパーパレットの上で色を混ぜながら色をつける。

5
まず最初に、黒目を入れる。針の先に茶の絵の具をつけ、ちょんとのせるイメージで。

6
黒目の片脇に、針で白目を入れる。両脇に入れると、正面向きの表情になる。

7
水に溶かした薄い茶の絵の具を筆につけ、目の上にアイラインと眉毛を描く。

髪

1
髪用の粘土を、ペーパーパレットの上で水を足しながらやわらかくなるまで7本針で混ぜる。

2
7本針に粘土をつけ、あらかじめつくっておいた子どもの頭部にのせていく。

3
全体的に粘土をのせたら、前髪、分け目、もみ上げなど、7本針で髪の流れをつける。

頭のパーツができたら、今度は髪をつけたり、顔の表情を描き入れ、人形に命を吹き込んであげましょう。
髪型を変えたり、お化粧をするような感覚で、楽しみながらつくれます。

応用 女性の髪・顔

人間と同じように、女性の場合は、髪の色はもちろん、髪型を変えたり、お化粧を派手にしたり…、と雰囲気を自在に変えてみましょう。

髪

1
ロングヘアの場合は、平らにのばした粘土を貼りつけて、大まかに髪型をつくる。

2
前髪や横髪など、7本針で毛並みをつけ、自然なニュアンスを出す。髪の毛をとかすような要領で。

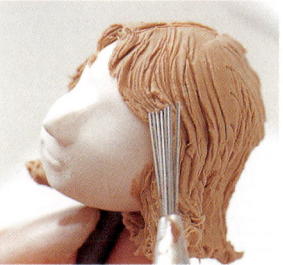

目

3
針先にブルーをつけて瞳を入れたあと、そのまわりに筆でブルーグレーを入れ、黒目とする。

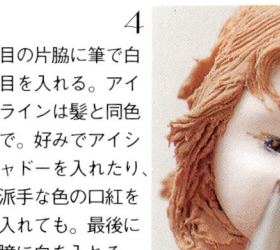

4
目の片脇に筆で白目を入れる。アイラインは髪と同色で。好みでアイシャドーを入れたり、派手な色の口紅を入れても。最後に瞳に白を入れる。

帽子

1
粘土を細長く、平らにのばし、帽子のつばをつくる。

2
帽子のつばを頭のまわりに巻き、後ろでくっつけて同化する。余分な粘土はカットする。

3
丸く、平らにのばした粘土を頭部に貼りつけ、つばの粘土と同化させる。

4
つばのまわりをはさみでカットし、形を整える。

5
子どもの髪と同様に、7本針で帽子と頭部の境目に粘土をつける。帽子からはみ出た髪の毛のニュアンスを出す。

応用 男性の髪・顔

頭に帽子をかぶせたり、髭をつけたりすると、ぐんと男性らしい表情に。影になる部分に、色を入れると彫りの深さが強調できます。

仕上げ

6
目を描いたあと、目のくぼみ、鼻の脇、頬の下、髪の毛の生えぎわなど、影になる部分を薄い肌の色で塗り、彫りの深さを強調する。

7
髪と同色の粘土で髭をつける。最後に黒目の両脇に白目、黒目の中に白を入れる。

Hand [手]

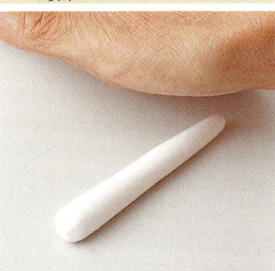

基本

子どもの手

子どもの手は、指が短く小さいのが特長。赤ちゃんの手をイメージして、かわいらしくつくります。はさみの先を使って、チョンチョンと軽快にカットして。

指

1
手のひらを使って、肌の色の粘土をロープ状にのばす。片方を少し細めにする。

2
細いほうの先を指で斜めにつぶす。つぶす面積は正方形に。斜め側が手のひらになる。

3
イラストを参照して2か所にはさみを入れて余分な粘土を切り落とし、親指をつくってミトン状にする。

4
ミトンの大きいほうに、はさみで切り込みを入れ、指を4本つくる。

手首

5
手首の外側と内側を、くの字に切り落とし、手首を細くする。

6
手のひらのつけ根もくの字に切り落とし、手のひらのふくらみをつける。

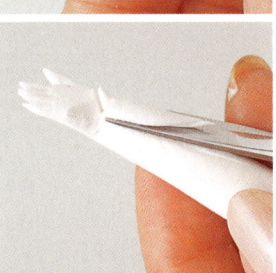

7
手のひらと手首のつながりを指先でなめらかにする。

小さい正方形

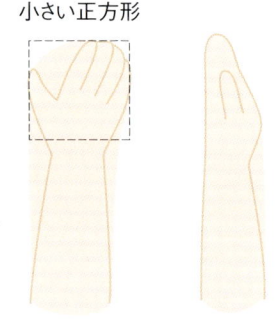

仕上げ

8
手のひらの上で転がし、手首を細く、腕をきれいに仕上げる。

9
爪の先で、手のひらのくぼみをつくり、出来上がり。

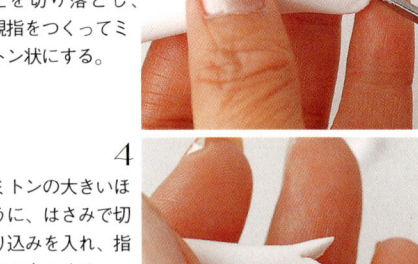
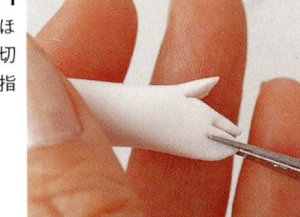

人形の手は、棒状にのばした粘土をはさみでチョキチョキと切ってつくります。
このテクニックを応用し、指の長さや腕の太さを変えれば、子どもから、女性、男性までつくれます。

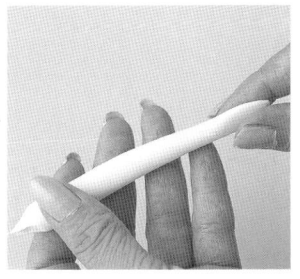

応用
女性の手

女性の手は、細くて長い腕、すっとのびる指先が特長です。ロープ状にするとき、細めにのばします。粘土をつぶす面積は長方形に。指は長めに、指先を細くするようにカット。すると、すらりとした指先に仕上がります。

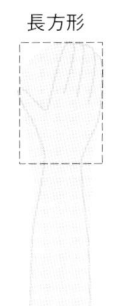

長方形

つぶす面積を
長方形にする
のがポイント。

応用
男性の手

男性の手は、手首が太く、ゴツゴツとした印象。粘土を太めにのばし、両端とも同じ太さにします。指は、指先を太くするのがポイント。仕上げに、関節や筋をつくり、ゴツゴツ感を出します。指先を丸めてグーにすると、力強い手になります。

大きい正方形

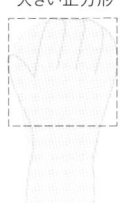

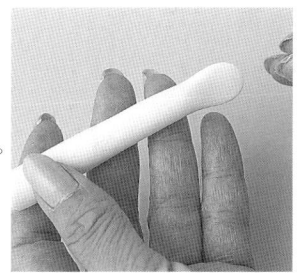

粘土は太めに
のばし、つぶ
す面積は大き
めの正方形に。
指先を太めに
カットする。

5本指から手をつくる
●●●
指を一本一本つくると、
もっとリアルな手に。
手に表情をつけたいときは、この手法で。

3
1でのばした残り
の1本を親指とし、
2にくっつける。

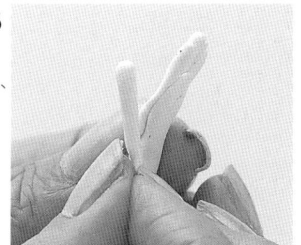

1
粘土を細くのばし
て指を5本つくり、
そのうちの4本を
並べ、人さし指か
ら小指までとし、
適当な長さに切る。

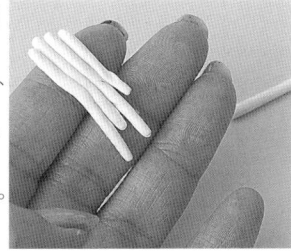

4
指と手のひらを同
化させ、余分な粘
土を指でちぎって
カットする。

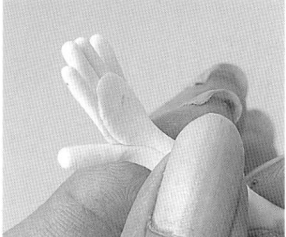

2
手のひら用にのば
した粘土を4本の
指の上にのせ、く
っつける。

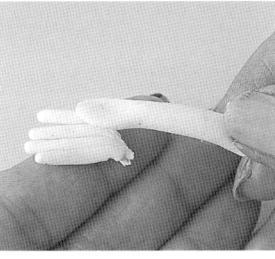

5
指を曲げるなどし
て、手に表情をつ
ける。

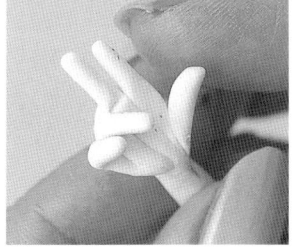

関節

1
針で、手のひら側
から指に3本線を
入れ、関節をつく
る。

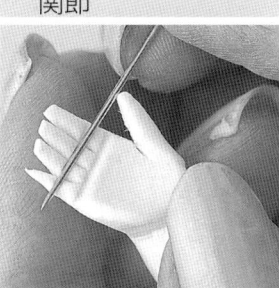

2
指を曲げて、グー
をつくる。

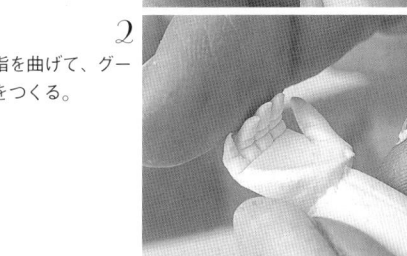

3
手の甲側の、指と
指の間の延長線上
に、ようじで筋を
入れ、筋ばった手
を表現する。

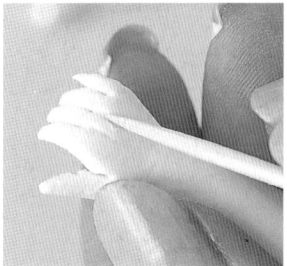

Foot［足］

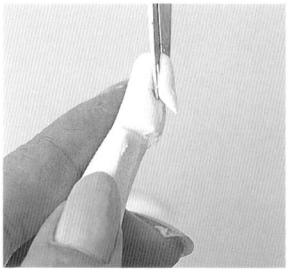

基本

子どもの足

子どもの足は、頭の大きさに対してやや短めにつくります。ひざ裏や足首のくびれもあまりつけすぎないようにし、まっすぐな足に仕上げます。

足

1

手のひらを使って転がし、先端にいくほど細めのロープ状にする。

2

細いほうの先端に、くの字にはさみを入れ、かかとをつくる。

3

足の裏にくの字にはさみを入れ、土踏まずをつくる。

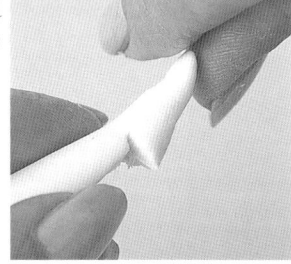

4

指でつま先をつぶし、形を整える。

5

かかとを起こして指で丸くし、足首の部分を転がして、くびれをつくる。

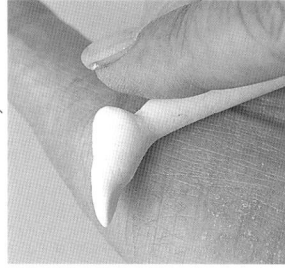

ひざ

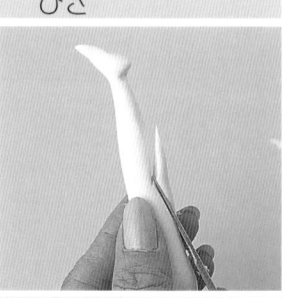

6

ひざの裏をくの字にカットし、ひざをつくる。

7

手のひらの上でコロコロ転がして、ふくらはぎ、ひざ、ももをなだらかに仕上げる。

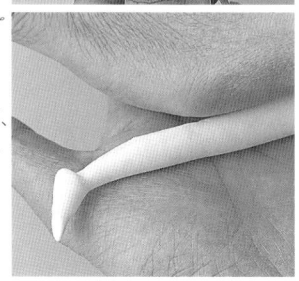

指先

8

裸足の場合は、つま先にはさみを4か所入れ、足の指を5本つくる。

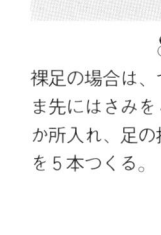
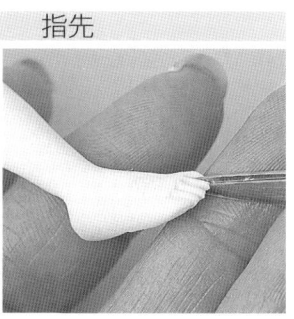
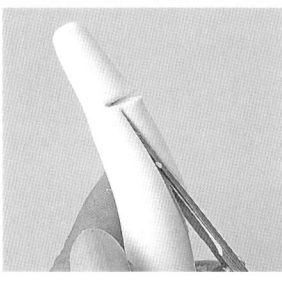

女性の足　応用

すらりとしたきれいな足にするには、ロープ状にするとき、細く長めにのばします。片端はかなり細めに、また、ひざの位置を高めにすると、きれいな足になります。

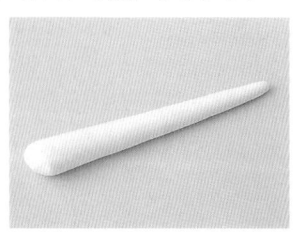

男性の足　応用

甲を高く、つま先、足首やふくらはぎを太めにすると男らしくなります。ロープ状にするとき、太く短めに、両端の太さにあまり差をつけずにのばすのがポイント。

足の大きさの目安

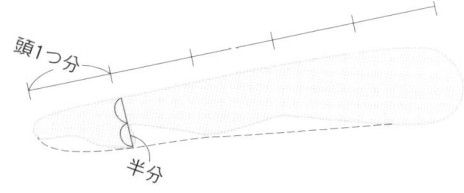

頭1つ分

半分

大人の場合で、足の大きさは頭1個分、ふくらはぎともももは、ともに頭2個分ずつと考えます。かかとは粘土の半分くらいまで切り込みを入れます。

足も手と同様に、棒状に粘土をのばし、はさみで関節をカットして形をつくります。靴を履かせる人形は、
足をつくるときに同時に靴もつくります。5つのパターンを覚えておけば、ほとんどの人形の足がつくれます。

足に芯を入れる
● ● ●
足の中に
アルミワイヤーの芯を入れておくと、
粘土が乾く前であれば、
足の形を自在に変えられ、
形をつくりやすくなります。
足や手を曲げたいときに使います。

1
土踏まずをつくったあと、かかとからアルミワイヤーを差し込む。

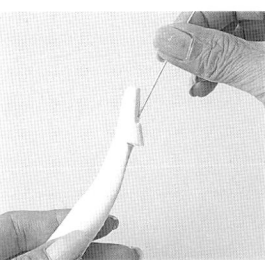

2
もものあたりまでワイヤーが通ったら、余分なワイヤーは足の裏で切る。

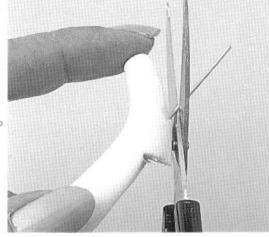

3
ひざの裏をカットし、手のひらの上でコロコロ転がし、形を整える。

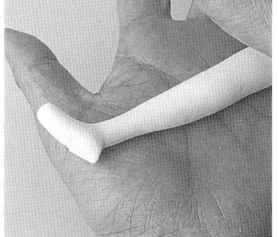

4
ひざを好きな形に曲げ、ひざを丸く整える。この後の作業は、何かに座らせて行う。

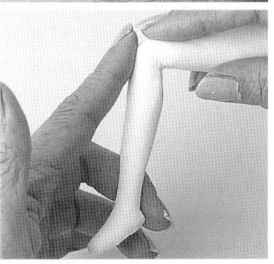

靴を履いた子どもの足

1
靴用の粘土を丸めてから、棒状にのばす。

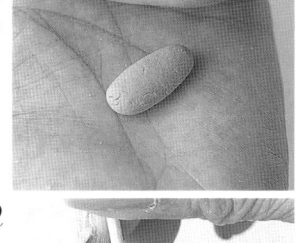

2
片端の先にようじを差し込み、ぐるぐる回転して穴をあける。

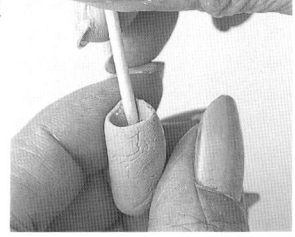

3
ロープ状にのばした足を2の穴の中に入れる。

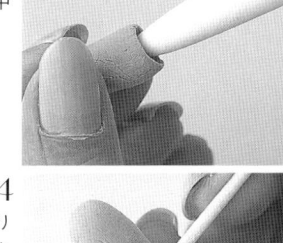

4
足の甲の上あたりに、ようじで線を入れ、折り目をつける。

5
靴を90度に折り曲げ、靴の裏を平らにし、靴の形を整える。

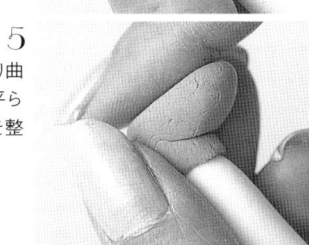

ズボンをはいた男性の足

1
ズボン用の粘土をロープ状にのばし片端の先にようじを差し込み、ぐるぐる回転させて、ズボンの裾を広げる。

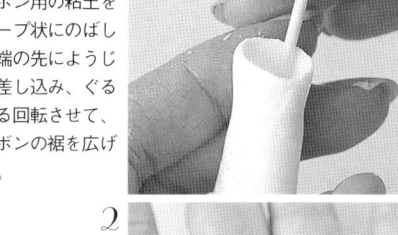

2
靴用の粘土を丸めてから、棒状にのばす。

3
半分のところで折り曲げ、靴の底を平らにする。

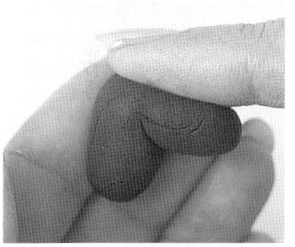

4
ズボンの裾に、靴を差し込む。

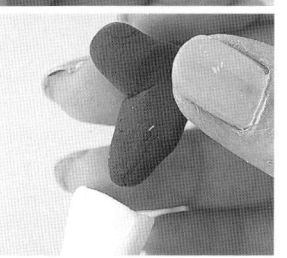

5
最後にひざの裏をくの字にカットし、関節をつくる。

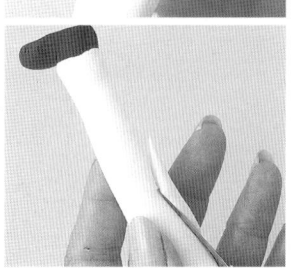

Shoes ［靴］

靴を履いた女性の足

1
靴用の粘土をつぶして平らにし、p.50を参照してつくった足の甲にかぶせる。

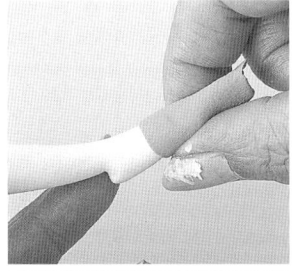

2
同じように平らにした粘土をかかとにも巻きつける。

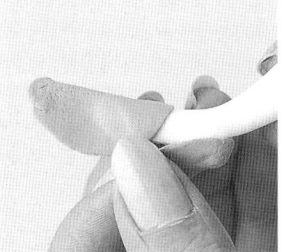

3
余分な粘土を、足の裏のラインに合わせてはさみでカットする。

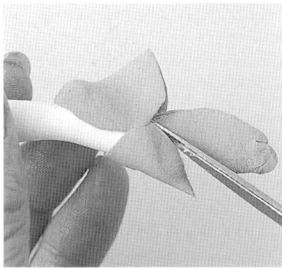

4
土踏まずなど、足の形を指で整える。つま先ははさみでカットして好きな形に。

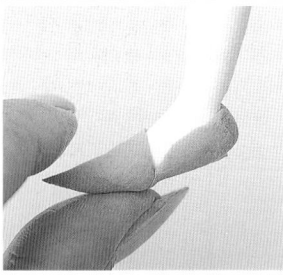

ブーツを履いた足・1

1
p.50を参照して足首までつくったら、長方形にのばしたブーツ用の粘土を足首に巻く。

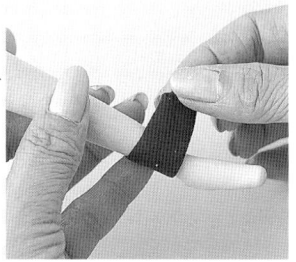

2
かかとの粘土を指で引っ張り出し、ブーツのヒールをつくる。

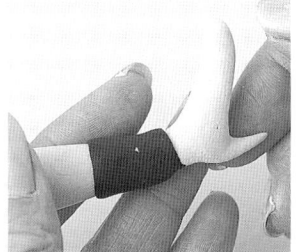

3
p.50を参照して関節をつくる。関節は先にカットしてもよい。

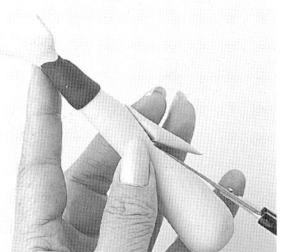

4
最後にブーツと同じ色の絵の具で、足首から先を塗る。

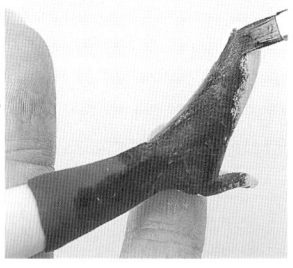

ブーツを履いた足・2

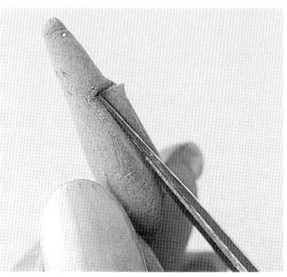

1
ブーツ用の粘土を、片端の細い短めのロープ状にのばし、p.50を参照してかかとをつくる。

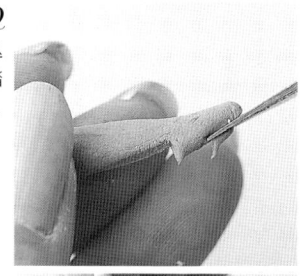

2
足の裏にも切り込みを入れて、土踏まずをつくる（p.50参照）。

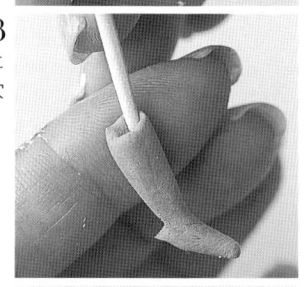

3
ブーツの履き口にようじを刺し、穴をあける。

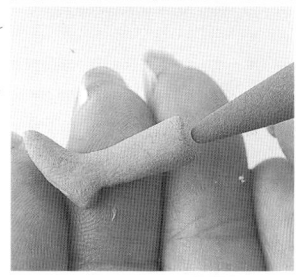

4
ロープ状にのばしたズボン用の粘土をブーツの穴の中に入れる。

口絵作品の作り方

粘土の扱いに慣れてきたら、さっそく口絵で紹介した人形をつくってみましょう。
どの作品も人形の大きさを表してありますが、
これにこだわらず、自分の好きな大きさでつくってみて。
人形は体のバランスが大事なので、パーツごとの粘土の分量だけ気をつけましょう。

*粘土の分量は、人形の頭を1としたとき、片足が1、片手（手首から先の場合）が3分の1、ボディは2を目安にして。
頭、顔、髪、手、足の作り方は、すべてp.44〜52のパーツの作り方を参照。

ワンピース

口絵4・5ページ

パリジェンヌ

足はつくらず、土台にスカート用の粘土を巻き、ボディをつくっていきます。胸やお尻など、体のラインをきれいに出すのがコツ。

出来上がり寸法●高さ約22cm
粘土以外の材料●スタイロホーム（2.5cm厚）6×13.5cm、ようじ、針金

1 ボディをつくる

1
スタイロホームを用意し、面取りしながら、三角形に近い台形にする。

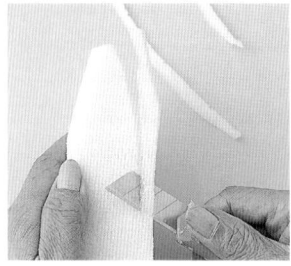

2
ワンピース用の粘土を薄くのばし、スタイロホームにくるみ、スカートをつくる。

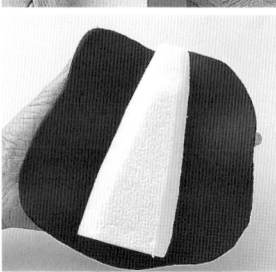

3
形を整えたら、先端にようじを刺す。粘土を軽くつぶして楕円状にし、ようじのまわりに巻いてボディをつくる。

4
手のひらでウエストをくびれさせながら、スカートとボディの粘土をなじませる。

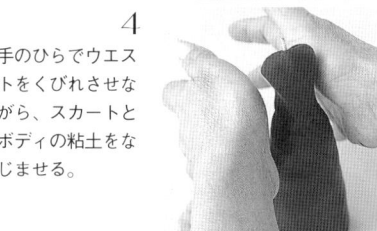

5
粘土を胸に足し、水をつけながら同化させる。

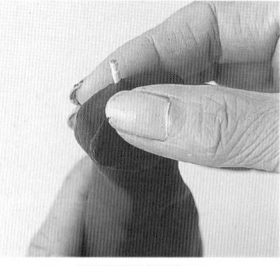

6
ロープ状にした粘土を裾にぐるりと巻き、同化してスカートの裾の広がる感じを出す。

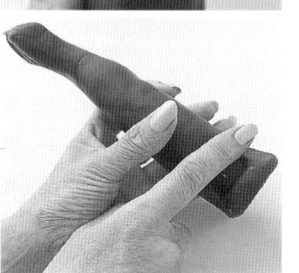

2 パーツをつなげる

7
ボディの上にもう1本ようじを刺し、首用の粘土をつぶして楕円状にし、ようじに巻く。粘土を胸元のほうまでのばしていく。

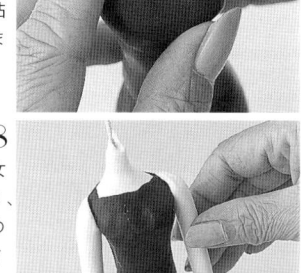

8
p.49を参照して女性の手をつくり、腕のつけ根を斜めにカット。ボディにつける。

9
粘土をつぶして肩にそれぞれつけ、ワンピースの袖をつくる。

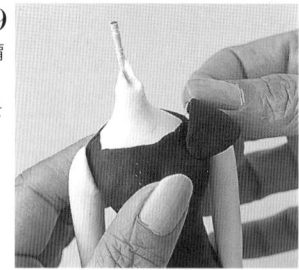

10
p.45を参照して女性の頭をつくり、ボディの首に差し込む。

3 仕上げ

11
p.46の子どもの髪を参照して7本針で髪の毛をのせる。毛の流れは針を使って細かく描く。

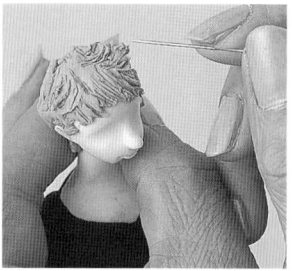

12
胸元のネックレスやワンピースの柄を絵の具で描く。

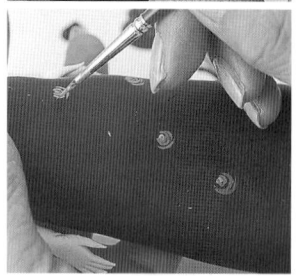

13
最後に、女性の顔を描いて、出来上がり。

ワンピース　　　　　ブラウス

ブラウス

1　ボディをつくる

1

ワンピースの作り方3まで同様につくり、長方形にのばしたブラウス用の粘土をスカートの上からボディに巻きつける。

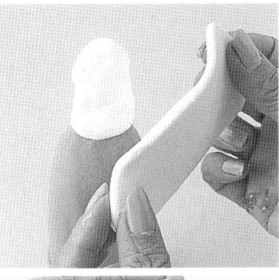

2

なでながらブラウスの裾をのばし、ウエストを絞って形を整える。余分な粘土は背中でカット。

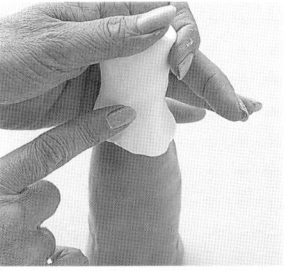

3

ボディの上にもう1本ようじを刺し、首用の粘土を巻く。胸元まで粘土をのばす。

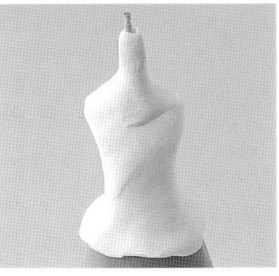

2　手をつくる

4

p.49を参照してつくった女性の手に針金を入れ、台形にカットした袖用の粘土を巻く。

5

余った粘土をはさみでカットし、腕を好きな形に曲げる。

6

ボディの肩に腕をつける。

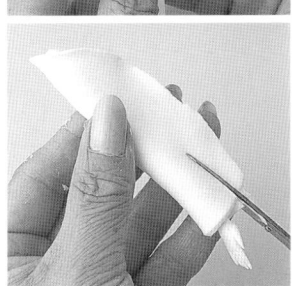

3　ブラウスの飾りつけ

7

ロープ状にのばした粘土を、ボディの襟元につける。

8

細工棒でロープ状の粘土をつぶし、7本針で真ん中をおさえる。

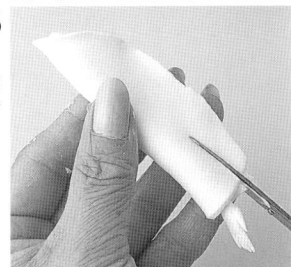

9

7本針でおさえた上と下を、針でおさえてフリルをつける。ワンピースの作り方10〜13を参照して、仕上げる。

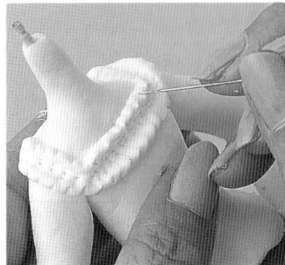

ベビーエンゼル

ワンピースもズボンも、ボディからつくり、手、足、頭をつけて仕上げます。赤ちゃんのように、ポチャポチャとした雰囲気に。

出来上がり寸法●高さ約8〜10cm
粘土以外の材料●ようじ、銅線

1 ボディをつくる

ワンピース

1
白い粘土を円すい形にする。底は平らに。これがワンピースとなる。

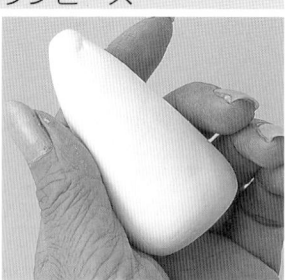

2
p.41を参照して、細工棒でスカートのフレアをつけ、裾を指で引っ張り出す。

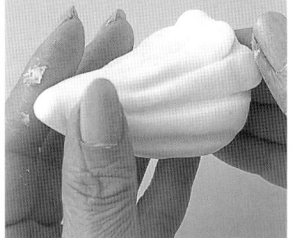

3
背中になる部分を指でおさえ、体の曲線をつくる（写真は横から見たところ）。

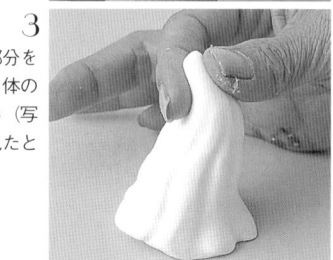

ズボン

1
白い粘土を丸みのある涙形にし、太いほうの真ん中にはさみで切り込みを入れる。

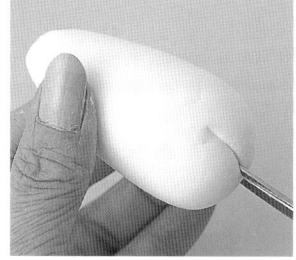

2
切り込みを入れた部分の形を整え、足を2本つくる。

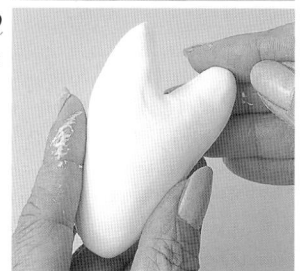

3
足の先端にようじを刺して穴をあけ、ズボンにする。

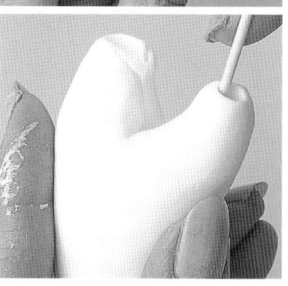

2 パーツをつける

ワンピース

4
p.50を参照して足首より先を片足だけつくり、スカートの裾を持ち上げて、足をつける。

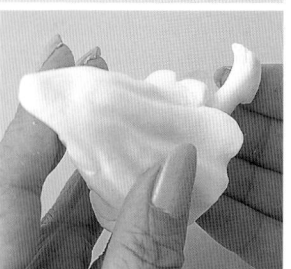

5
ワンピースの上にようじを刺し、平らにのばした肌の色の粘土を巻きつける。

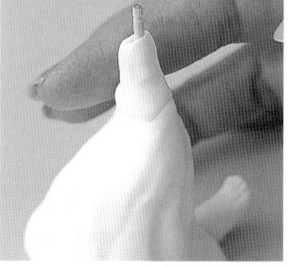

6
頭はp.44を参照してつくり、口をようじであけて仕上げる。首に頭を差し込む。

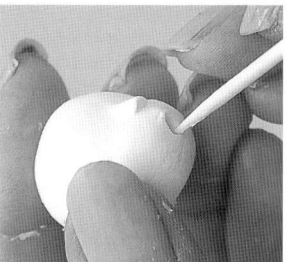

7
白い粘土を涙形にし、太いほうの先端にようじで穴をあける。

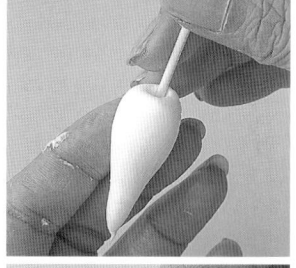

8
p.48を参照して手首から先だけの手をつくり、7の穴に入れて腕をつくる。

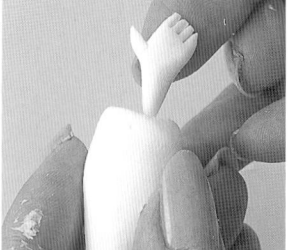

9
腕を2本つくったら、形を整え、5のボディの肩につける。

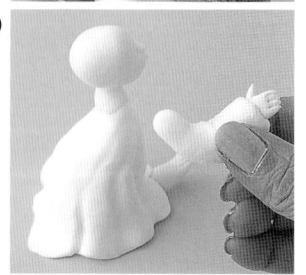

ズボン

3 飾りつけ

共通

10
白い粘土をリボン状にのばして襟をつくり、エンゼルの襟元につける。

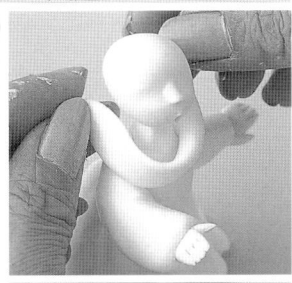

4 仕上げ

共通

ズボン

4
p.50を参照して足首より先の足を2つつくり、ズボンの穴に入れる。

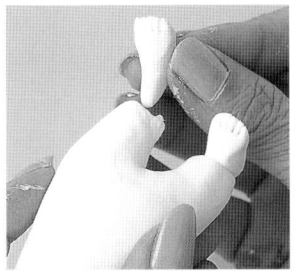

11
後頭部の粘土をつまんで持ち上げる。

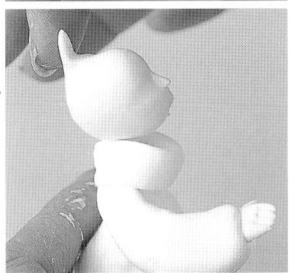

15
全体的に髪の輪郭を薄い色で塗りつぶしたあと、濃い色で線を入れる。眉や目は薄い茶で描く。

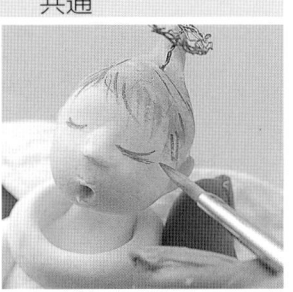

5
ボディにようじを刺し、首の粘土をつけたら、背中を指でおさえ、お尻を出っ張らせ、体の曲線をつくる。

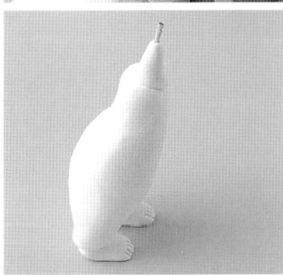

12
白い粘土で羽根を2枚つくる。7本針でかき出し、羽根のふわふわ感をつける。

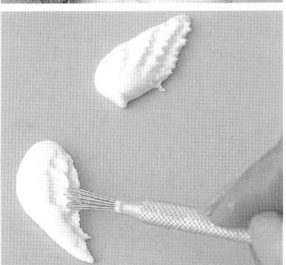

16
ワンピースやズボンなど、しわの影の部分に薄いベージュを塗り、立体感を出す。
※ズボンのエンゼルは最後に雲にのせる。

6
白い粘土を棒状にのばし、細いほうの先端にようじで穴をあける。p.56のワンピースの作り方8、9と同様にボディにつける。

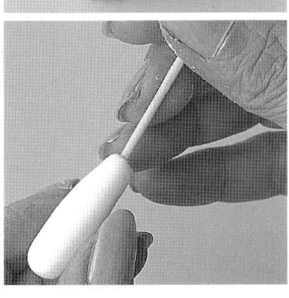

13
正面にふわふわのほうを向けて羽根をつけ、銅線でつくった天使の輪を頭につける。

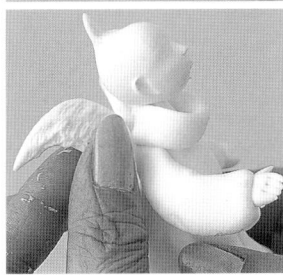

ズボン

14
ズボンのエンゼルは、もものつけ根に細工棒でしわをつける。

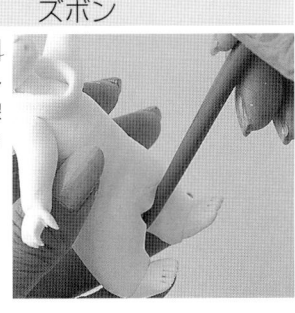

ワンピース

ピエロ

さまざまなテクニックを使った、ちょっぴり
上級者向けのお人形。体はスマートに、その
ぶん、顔や手は表情豊かに仕上げます。

出来上がり寸法●高さ約20cm
粘土以外の材料●ようじ、針金

3 手をつくる

9

ブラウス用の粘土
を丸め、細工棒で
穴をあける。穴を
下にしてボディに
つける。

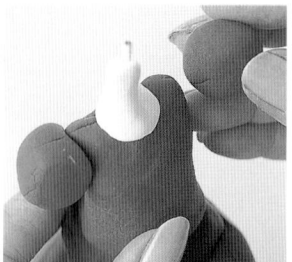

2 ボディをつくる

4

ズボンと同色の粘
土を円すい状にし、
お尻の上にのせて
腰にする。

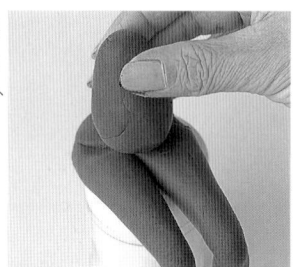

10

p.49を参照して、
5本指から手をつ
くる。手に針金を
入れ、指を曲げて
表情をつける。

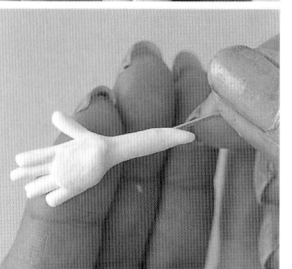

1 足をつくる

1

ズボン用の粘土で、
p.50、51を参照し
て足をつくり、針
金を入れて足を曲
げる。

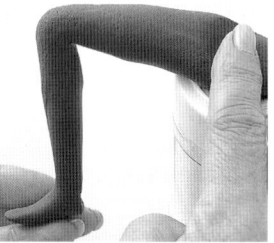

5

余分な粘土をとっ
たり、足りないと
ころに足したりし
て、お尻の形を整
える。

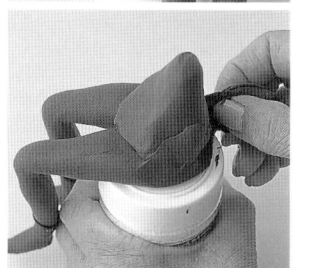

11

ブラウス用の粘土
を棒状にして袖に
し、先端に穴をあ
けて手を入れる。

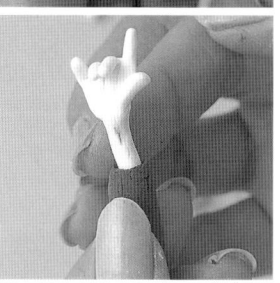

2

両足をつくったら、
ちょうどよい高さ
の物を台にし、座
らせる。

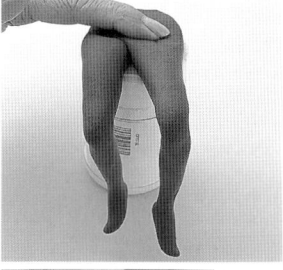

6

ブラウス用の粘土
を平らにして長方
形にし、腰のまわ
りに巻きつける。

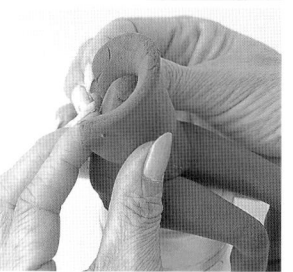

12

レース用の粘土を
平らにのばし、
①襟 ②前立て
③袖口2枚分をカ
ッターナイフで切
り抜く。

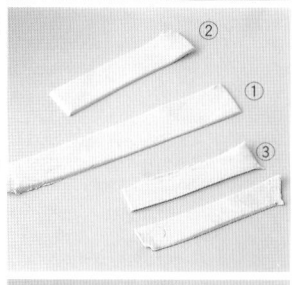

3

p.52を参照して、
足首にブーツ用の
粘土を巻きつけ、
かかとにヒールを
差し込む。

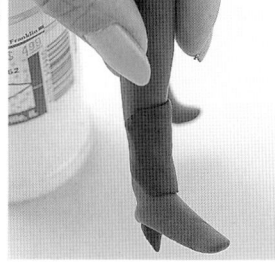

7

ボディの形を指で
整え、ボディの上
にようじを刺す。

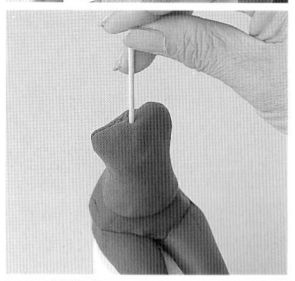

13

p.41を参照して
レースをつくる。
前立てはギャザー
を寄せ、両側に
フリルをつける。

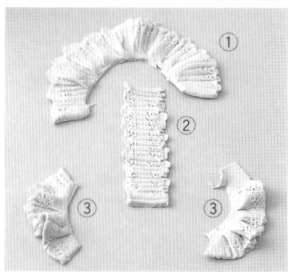

8

肌の色の粘土を平
らにしてようじに
巻き、首をつくる。

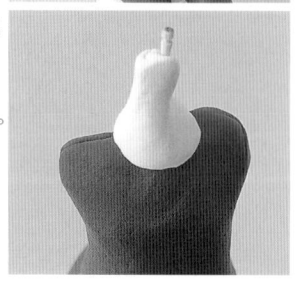

14

13でつくったレー
スを11の袖口につ
け、9の袖の穴に
差し込む。

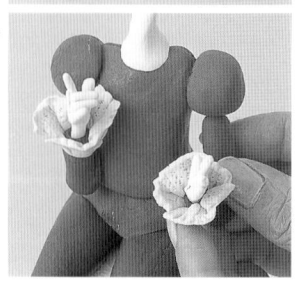

58

4 飾りつけ-1

15

ズボンのフリルを7本針を使って、上と下にかき出す。

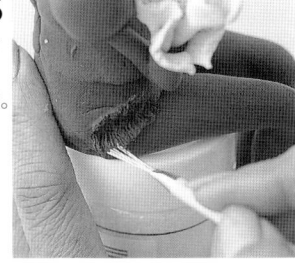

16

ブラウスの提灯袖の部分のギャザーをはさみでおさえて入れる。

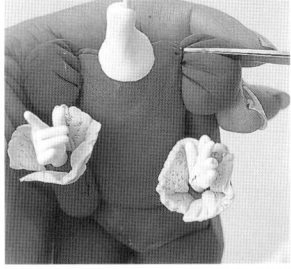

17

提灯袖の下を7本針で引っ張り出し、フリルをつける。

5 頭をつくる

18

p.45を参照して頭をつくる。針で口を大きく描いたあと、細工棒で口角をおさえる。

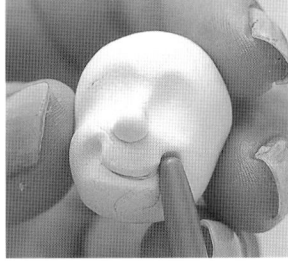

19

細工棒で、目のくぼみを上に押し上げる。首に頭を差し込む。

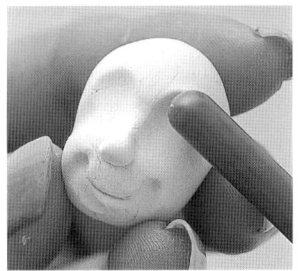

6 飾りつけ-2

20

13でつくったレースを前立て、襟の順につけ、前立ての真ん中に線を入れる。

21

ブラウスと同じ粘土でリボンをつくり、蝶結びをつくってから襟元につける。

7 帽子をかぶせる

22

長方形にのばした帽子用の粘土にレースとフリル模様をつけ(p.41参照)、頭に巻く。

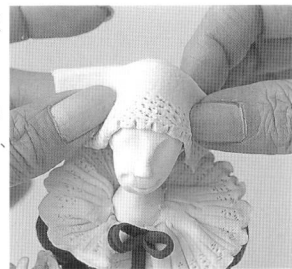

23

巻きつけた粘土をそのまま上にのばして帽子の角をひとつつくる。

24

もうひとつの角は、形をつくってから、帽子につけ、角の先にポンポンをつける。

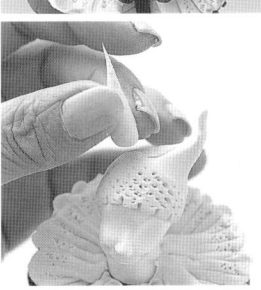

8 仕上げ

25

髪を帽子と顔の境目に入れたら、顔の表情を描く。水玉模様は、針で入れる。最後にブーツに色を塗って(p.52参照)出来上がり。

59

コックさん

下着姿のようなボディの上に、エプロンやリボン、帽子をかぶせます。お腹の出具合や、手足の動きをつけるとリアルでユニークに。

出来上がり寸法●高さ約19cm
粘土以外の材料●ようじ、針金

1 足をつくる

1
p.51を参照してズボンをはいた男性の足をつくり、かかとから針金を入れる。

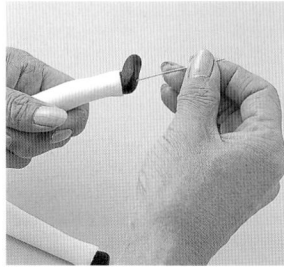

2
ひざを曲げて足のニュアンスを出す。ボディの粘土は、涙形に丸める。

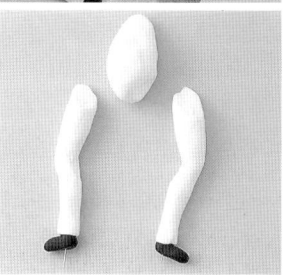

2 腕をつくる

3
腕は粘土を棒状にのばしてつくる。手はp.49を参照して、手首から先をつくり、針金を入れる。

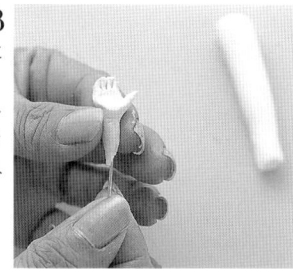

4
腕用の粘土に手を差し込んだあと、長方形にのばしたカフス用の粘土を手首に巻く。2本つくり、片腕はひじを曲げる。

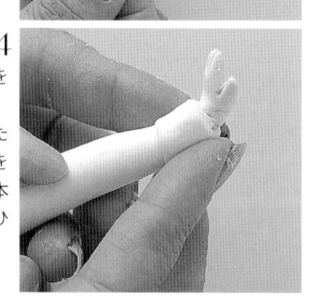

3 パーツをつなげる

5
お腹とお尻が出っ張るようにボディの形を整え、腕をくっつけ、首にようじを刺す。

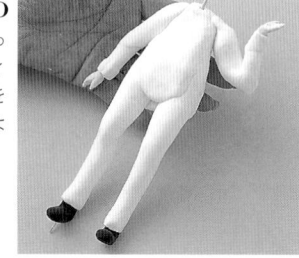

6
首用の粘土をようじに巻く。p.45を参照して頭をつくり、首に差し込む。

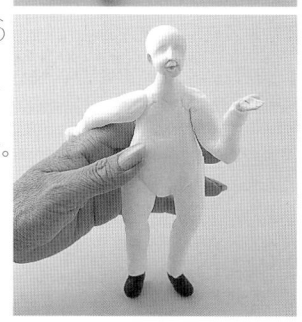

4 エプロンをつくる

7
エプロンのボタンは、小さく丸めた粘土を前立てに並べ、ようじで穴をあけてつくる。

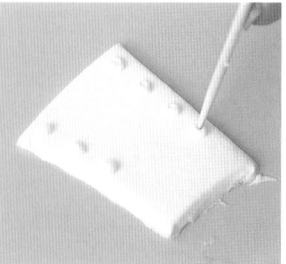

8
エプロン用粘土を厚さ約2mmにのばし、①襟 ②リボン ③前立て ④腰ひも ⑤エプロン ⑥帽子(側面とふた) ⑦後ろリボンを用意。

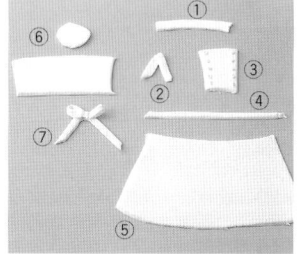

9
帽子は、側面を頭に巻き余分をカット。上にふたをのせてくっつける。

10
襟、前立て、エプロン、腰ひも、リボン、後ろリボンの順にボディにくっつけ、最後にエプロンのギャザーを針で入れる。

5 仕上げ

11
p.47を参照して髪と顔をつくる。曲げた手のひらに針金を刺し、粘土でつくった皿をのせる。

口絵12・13ページ

太っちょさん

ひじやひざの関節をつくらず、星のようなイメージでボディにパーツをつけるのがポイント。左右のおっぱいの大きさが違ってもご愛嬌！

出来上がり寸法●高さ約9cm（座った状態）

3 パーツをつなげる

8
足、手、頭、ボディのほかに、首とおっぱい2つ、レオタードの胸まわりをつくっておく。

9
ボディのV字部分に足、両脇に手をつけたあと、おっぱいをボディの上からつける。

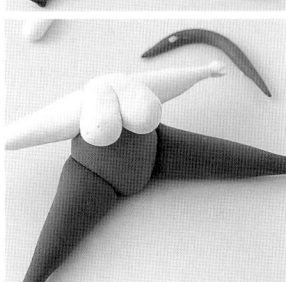

10
首、頭をつけて同化したあと、平らにのばしたレオタードの胸まわりをおっぱいの上にのせ、ボディと同化させる。

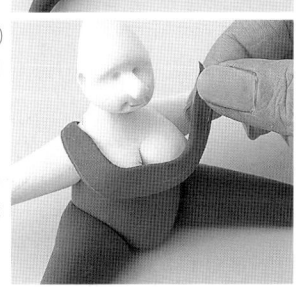

1 パーツをつくる

1
足用の粘土を細長い涙形にする。

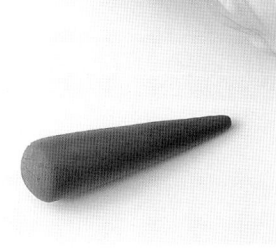

2
p.50を参照して、かかとと土踏まずをつくる。ひざの関節はつくらなくてよい。

3
ボディ用の粘土を太めの涙形にし、太いほうをV字に2か所切り落とす。

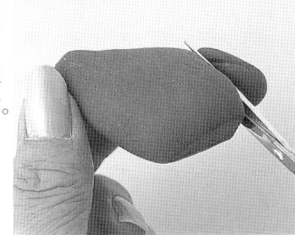

4
足と同様、手も細長い涙形にしてから、p.48の子どもの手を参照して指先をつくる。

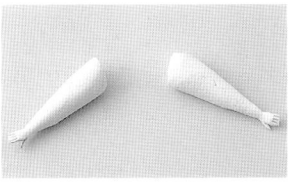

2 頭をつくる

5
頭用粘土を涙形にし、下から3分の1くらいの位置に細工棒で目のくぼみを入れる。頭の上の粘土を引っ張り出し、髪の毛をつくる。

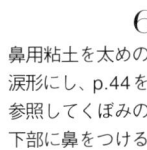

6
鼻用粘土を太めの涙形にし、p.44を参照してくぼみの下部に鼻をつける。

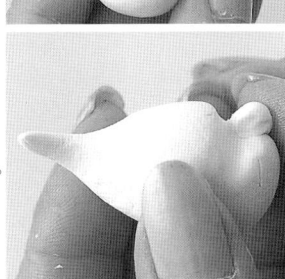

7
口角を細工棒でおさえて頬の下のくぼみをつくる。目もくぼませる。

4 仕上げ

11
髪の毛は、全体に色をつけたあと、ひも状にしたリボンを髪の毛に巻きつける。

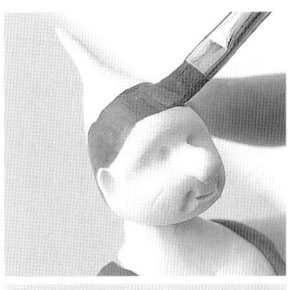

12
レオタードの縞模様をつけ、p.47を参照して顔を描く。

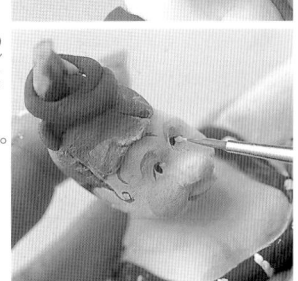

蝶の妖精

蝶の羽根や触角は別につくり、最後に人形に
くっつけます。本物の羽根やビーズ、グリッ
ターなどで飾るとかわいらしい仕上がりに。

出来上がり寸法●高さ約25cm
粘土以外の材料●ようじ、羽根、ビーズ、グリッター、ティッシュペーパー

1 羽根をつくる

1

羽根用粘土を厚さ
5mmにのばし、カ
ッターナイフで、
羽根形をフリーハ
ンドでカット。よ
うじ（50本）で
たたいて、羽根の
模様をつける。

2

カッターで、羽根
の真ん中に切り込
みを入れ、まわり
をおさえてフリル
をつける。

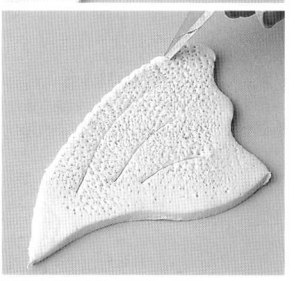

3

羽根の表面に綿棒
でボンドをつけ、
パールビーズをつ
ける。グリッター
も綿棒で、ボンド
の上からのばしつ
ける。

4

羽根に丸みがつく
ように、ティッシ
ュペーパーを羽根
の下に入れ、その
まま乾かして形づ
くる。

5

粘土を直径5mmく
らいに細くのばし、
先端を丸めて、蝶
の触角をつくり、
乾かす。

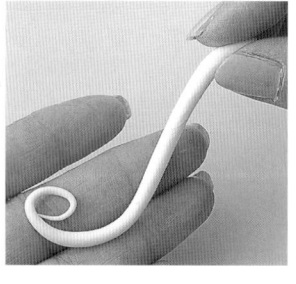

2 ボディをつくる

6

靴を履いた女性の
足、手、頭をつく
る（p.44〜52参照）。
首用粘土も用意。
厚さ2mmにした粘
土で帽子、ボディ、
スカートをつくる。

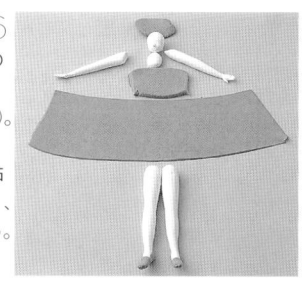

7

スカートの裾にレ
ース模様とフリル
をつけたあと（p.
41参照）、フレア
をつける。

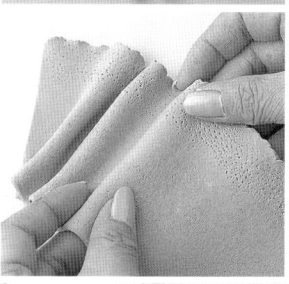

8

さらにウエストの
真ん中あたりにギ
ャザーを寄せる。

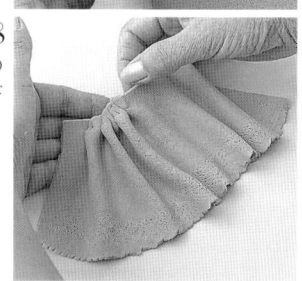

9

針金を入れた両足
をもものつけ根で
くっつけ、ひざ上
丈になるようにス
カートでくるむ。

10

スカートをウエス
トでしっかり絞り、
ボディ用粘土を巻
きつける。余分は
カット。

11

ボディの肩の部分
を、両側とも斜め
にはさみでカット
する。

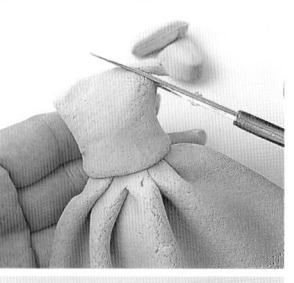

12

ボディにようじを
刺し、首用粘土を
巻く。ボディに、
針金を入れた手を
くっつける。

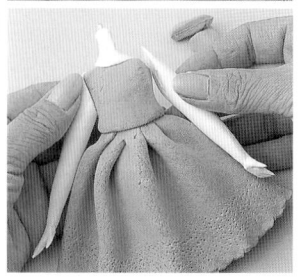

口絵16ページ

男の子

最初に足、そしてボディ、手、頭の順に
つくる男の子は、基本の人形の作り方。
ズボンや上着は、好みで変えられます。

出来上がり寸法●高さ約9cm（座った状態）
粘土以外の材料●ようじ

3 仕上げ

13
カッターで帽子用
粘土にプリーツと
フリルを入れ（p.
41参照）、7本針
で模様をつける。

14
頭に帽子用粘土を
巻き、余分をカッ
ト。帽子の先端を
引っ張り出し、形
を整える。

15
首のまわりを中心
に、ボンドで羽根
をくっつける。

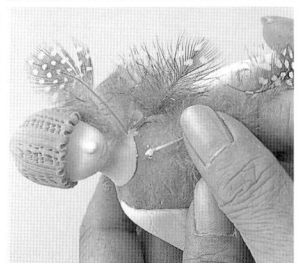

16
4の羽根が完全に
乾いたら、背中に
粘土をつけ、さら
にボンドで羽根を
くっつける。触角
も同様に。

17
p.47を参照して顔
を描く。黒目の部
分は水色に。

1 パーツをつなげる

1
p.52の靴を履いた
女性の足を参照し
て足をつくり、平
らにのばした半ズ
ボンを片足ずつ巻
く。

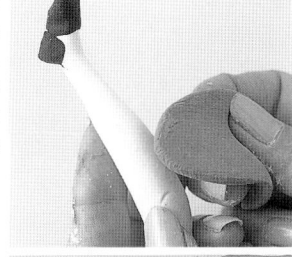

2
ももものつけ根で両
足をくっつける。
涙形にしたボディ
を足の上にのせて
くっつける。

3
セーターの模様を
7本針でつける。
針でおさえるよう
にして、縦に模様
をつける。

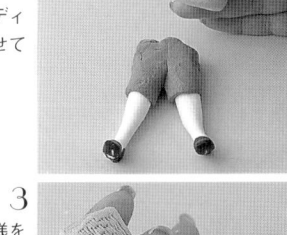

4
棒状にした腕用の
粘土の片端に穴を
あけ、手（p.48参
照）を差し込む。
腕にもセーターの
模様をつける。

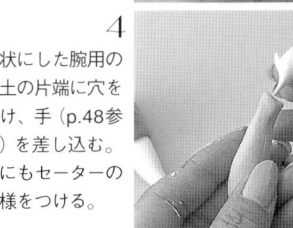

2 仕上げ

5
ボディにようじを
刺して首を巻き、
頭（p.44参照）を
のせる。タートルネ
ックの部分は長方
形にしたあとカッ
ターナイフで縦線
を入れ、首に巻く。

6
髪の毛をつけ、顔
を描く（p.46参照）。
目はブルーに。

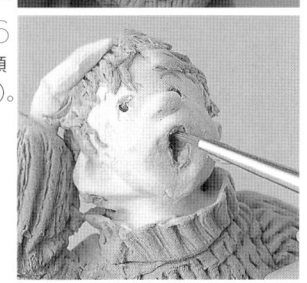

女の子

男の子のズボンの代わりにパンティーをはか
せます。ワンピースは「ベビーエンゼル」と
同じ。リボンやフリルでかわいさをアピール。

出来上がり寸法●高さ約9cm（座った状態）
粘土以外の材料●ようじ

1 パーツをつなげる

1

p.51を参照して靴
を履いた子どもの
足をつくる。パン
ティーの粘土を片
足ずつ巻き、ゴム
のギャザーをよう
じでつける。

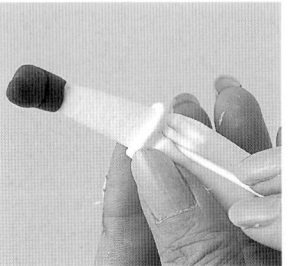

2

両足をもものつけ
根でくっつける。

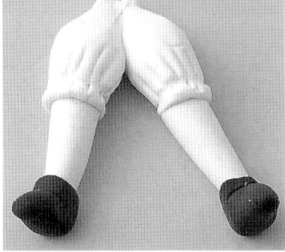

3

涙形にしたボディ
にフレアをつけ（p.
41参照）、スカー
トの裾を2か所指
で上げる。

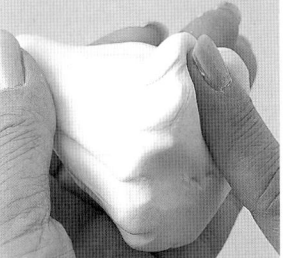

4

足の上にボディを
のせ、スカートの
裾を指でのばす。

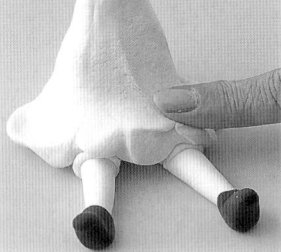

5

細工棒を使って溝
をつけ、細かいフ
レアをつくる。

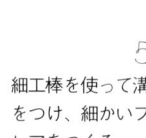

6

スカートの裾に、
7本針でレースの
模様を入れる。

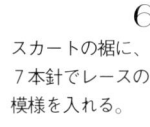

7

手首から先をつく
り（p.48参照）、針
金を刺してから、
手首にブラウスの
袖を巻き、ワンピ
ースの袖を巻きつ
ける。

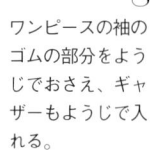

8

ワンピースの袖の
ゴムの部分をよう
じでおさえ、ギャ
ザーもようじで入
れる。

2 仕上げ

9

ボディにようじを
刺して首を巻き、
頭（p.44参照）を
のせる。プリーツ
を入れずに（p.
41参照）襟のレー
スをつくり、襟元
元につける。

10

髪の毛をつけたあ
と（p.46参照）、
リボンやバラの髪
飾り（p.74参照）
をつくり、頭にの
せる。

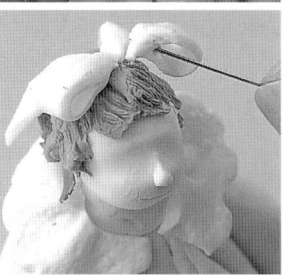

11

顔を描く。黒目は
ブルー、点を描く
程度に入れる。

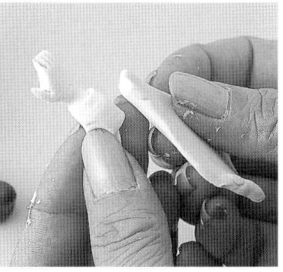

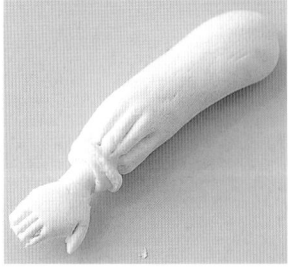

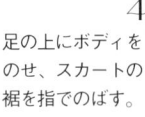

エトワール

手のひらサイズの小さなお人形。それぞれのパーツはスマートですが、ブラウスはエトワールらしくゴージャスな雰囲気に仕上げます。

出来上がり寸法●約10cm
粘土以外の材料●ようじ

1 パーツをつなげる

1

p.52を参照してブーツを履いた足・2を2本つくり、もものつけ根でくっつける。

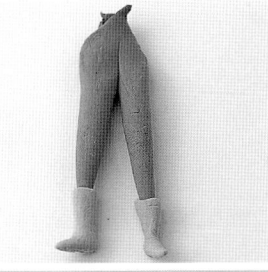

2

長方形にのばしたボディ用の粘土を腰に巻きつけ、余分な粘土を背中でカット。

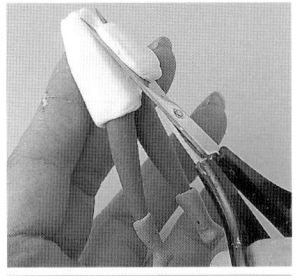

3

腰の位置にようじで線をつけてから、細くのばしたリボンを巻く。

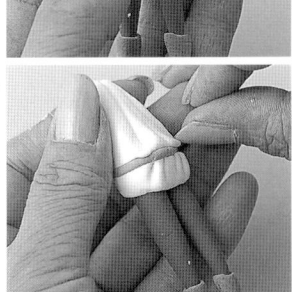

4

リボンの下はようじでギャザーをつけ、リボンの上側は指で布のたるんだ感じを出す。

5

袖は細長い涙形にしたあと、太いほうに穴をあけ、手（p.48参照）を差し込む。

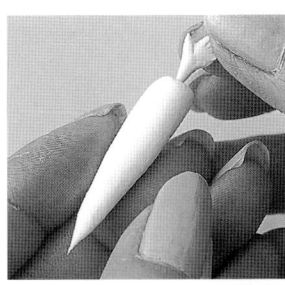

6

袖にもようじで線を入れ、ブラウスのふんわりした感じを出す。

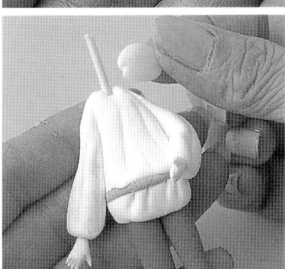

7

両手をボディにつけたら、腕の動きをつける。ボディにようじを刺し、首を巻きつけ、頭（p.44参照）をのせる。

2 髪の毛をつくる

8

髪用の粘土を長方形にのばし、下半分だけはさみで切り込みを入れ、髪の毛をつくる。

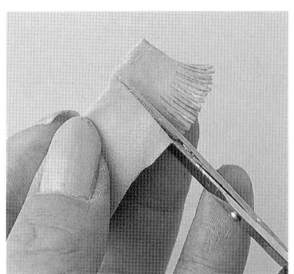

9

頭に巻いて、後頭部でくっつけ、余分な粘土をカットする。

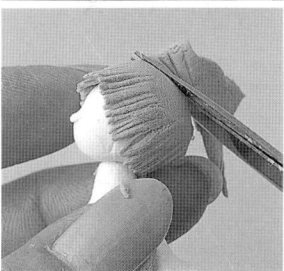

3 仕上げ

10

ブラウスと同じ粘土をリボン状にのばして襟をつくり、首につける。余分な粘土は後ろでカット。

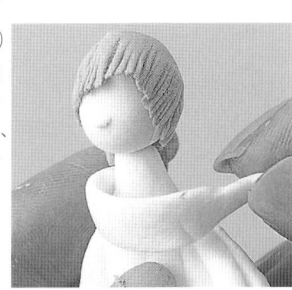

11

目も口も、針先に絵の具をつけ、点を描く程度でよい。

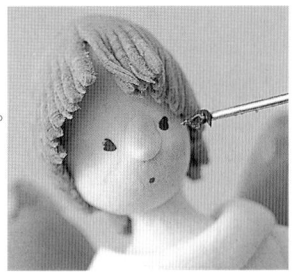

口絵20・21ページ

村びと

フィギュアのように、たくさん並べて飾りたい小さなお人形。女性も男性も、下からつくりはじめ、洋服のディテールも細かく刻みます。

出来上がり寸法●女性／高さ約7cm、男性／高さ約8.5cm
粘土以外の材料●ようじ

女性

1 ボディをつくる

1

手はp.49を参照して手首から先だけをつくる。棒状にのばし、片端に穴をあけた袖に手を差し込む。

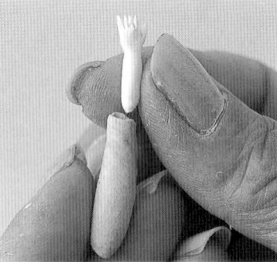

2

スカート用の粘土は涙形にし、ようじでスカートのフレアの線を入れる。

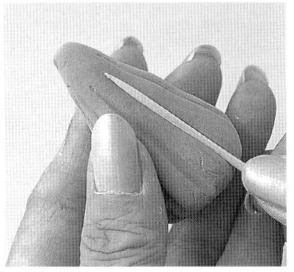

3

スカートの裾に7本針でギャザーを寄せる。

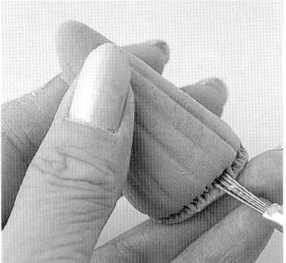

4

ウエストを細く絞り、お尻を出っ張らせる。

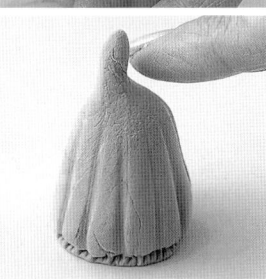

5

ボディをウエストに巻き、ボディの上からようじを刺し、小さく丸めたおっぱいを2つのせ、同化させる。スカートの上にエプロンを巻く。

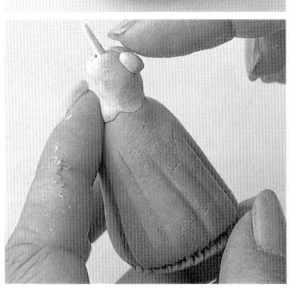

2 パーツをつなげる

6

ボディに刺したようじに首を巻き、頭（p.44参照）をつくってのせる。目のくぼみを細工棒でおさえ、頬の下をハの字に針でつける。

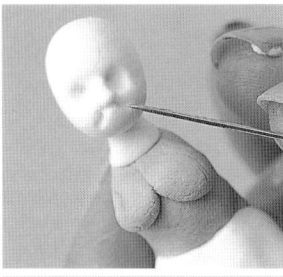

7

1の手をボディにつける。右手は、花の入ったカゴをつくり、腰にくっつけてから、あとでつける。

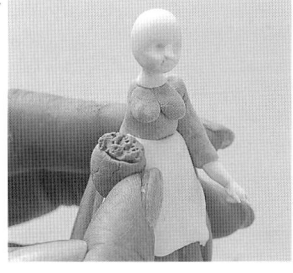

3 仕上げ

8

ブラウス、エプロン、帽子に針で線を入れ、ギャザーの雰囲気を出す。

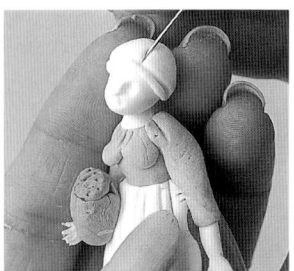

9

帽子と顔の間に髪をつけ（p.47参照）、顔を描く。目は針の先に絵の具をつけて描く。

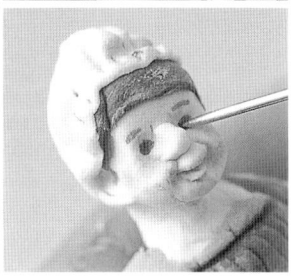

女性　　　　男性

66

人形で遊ぶ
ボディの壁掛け

タイルの上に人形をのせた、ユニークな作品。体や手足に動きをつけ、表情を豊かに。全身でも、上半身、下半身だけでも絵になりそう。

出来上がり寸法●20.5×20.5cm
粘土以外の材料●20.5cm角のタイル

男性

1 パーツをつなげる

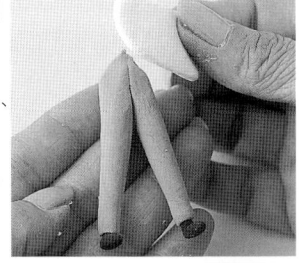

1
ズボンをはいた男性の足（p.51参照）を2本つくり、Yシャツ用粘土をウエストに巻き、余分な粘土は背中でカット。

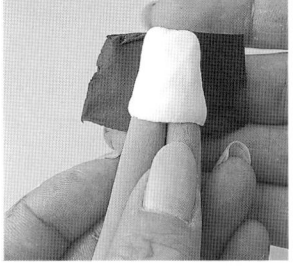

2
長方形にのばした上着用粘土を上半身の後ろ側から巻きつける。

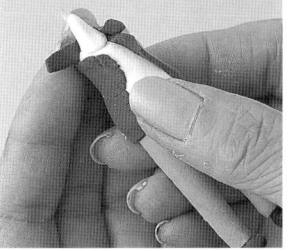

3
ボディにようじを刺し、首を巻く。そのあとで、上着の襟を後ろ側から巻き、上着につける。

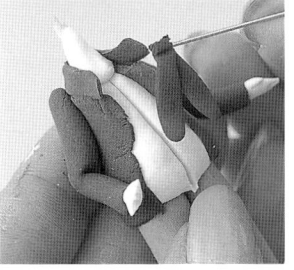

4
女性と同様に手をつくり、ボディにつける。針でYシャツの中心に線をつけ、襟元にネクタイをつける。

2 仕上げ

5
頭（p.45参照）をつくったら、帽子をかぶせて、髪の毛と髭をつける（p.47参照）。目は、女性と同様、針で描く。

1 ボディをつくる

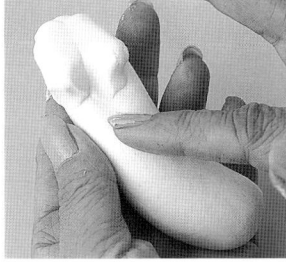

1
ボディはウエストの細い、いびつななすび形にする。胸に涙形のおっぱいをのせてボディと同化させ、おへそに穴をあける。

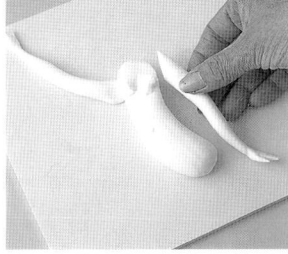

2
タイルの上にボディをのせて形を整え、すらりと長くつくった手（p.49参照）を、ボディにつける。

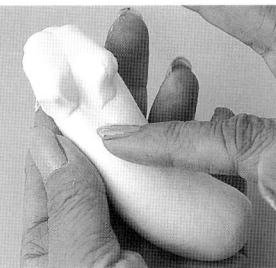

3
ボディに首をつけ、p.45を参照してつくった頭をつけ、ボディと同化させる。

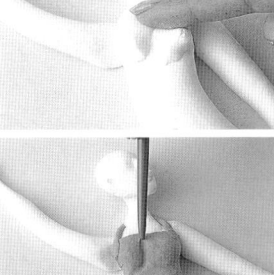

4
スカートとビスチェ用にカットした粘土をボディの上にのせる。ひもは首にかける。細工棒で胸の形を描きながら整える。

2 仕上げ

5
髪の毛を頭につけ（p.47参照）、ポニーテールの先に動きをつける。

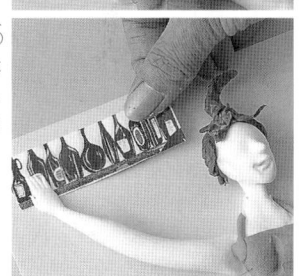

6
背景の絵は、雑誌などの切り抜きを利用。右手の下にはさみ込む。

7
最後に顔を描いて、個性的な表情に。ビスチェの模様やマニキュアも塗る。バックに絵の具でストライプ柄を描いてもよい。

口絵22・23ページ

人形で遊ぶ
フェイスの壁掛け

手のひらほどの大きさをした粘土の顔。粘土を足したり、穴をあけたり、おさえたり…。どんどんリアルな顔が出来上がります。

出来上がり寸法●20.5×20.5cm
粘土以外の材料●20.5cm角のタイル、
　　　　　　　　スタイロホーム（1.5cm厚さ）5×7cm

1　顔の輪郭をつくる

1
スタイロホームを卵形にカットし、カッターナイフで面取りをしておく。

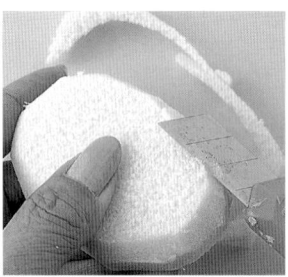

2
肌の色の粘土をスタイロホームにつけ、粘土をのばしてスタイロホームの片側側面を隠す。

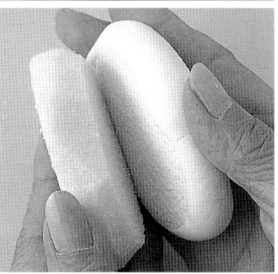

3
顔の真ん中くらいに指で目のくぼみを入れる。

4
涙形の鼻をつけたあと、丸めた粘土を鼻の左右につけて小鼻をつくり、水をつけて鼻と同化させる。

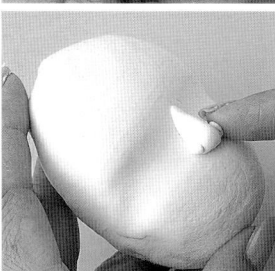

5
リボン状にのばした粘土を目の上にのせ、眉の輪郭をつける。

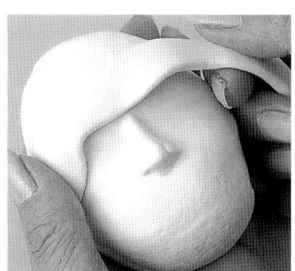

6
目のくぼみと同化させ、おでこを角張った感じに整える。

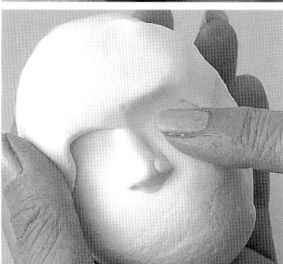

7
細工棒で、頬の下にハの字に線を入れ、頬の輪郭をつける。

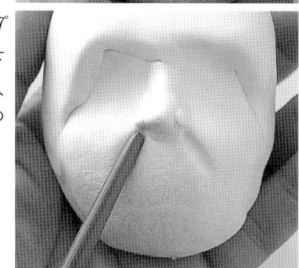

8
細工棒で口の線を横に入れたら、細工棒を横にして上唇を上げる。鼻の下を平らにする。

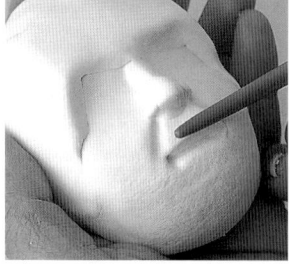

9
下唇の下を細工棒でおさえ、下唇をつくる。

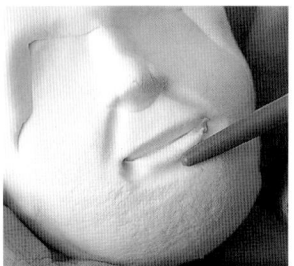

10
細工棒を横に倒して、下唇から下を平らにし、あごを整える。

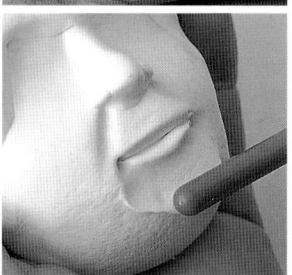

11
あごの半分のところに細工棒を当て、あごを2つに割る。

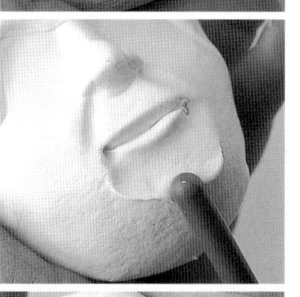

12
手のひらでこめかみのあたりを両側からおさえ、顔立ちを決める。

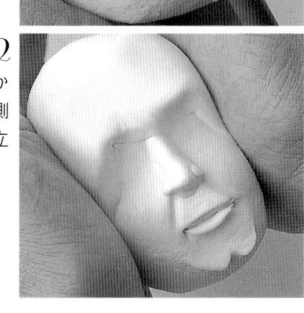

2 目、鼻、口、耳を入れる

13
はさみの先で目の線を両目とも入れ、左目の切り込みにはさみを入れ、持ち上げる。

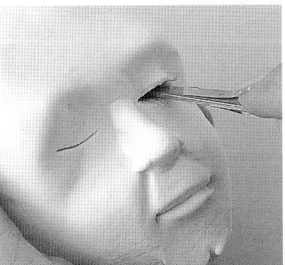

14
粘土を丸めて目玉をつくり、持ち上げた左目の中に入れ、下側だけ同化させる。針の先で下まぶたの線を描く。

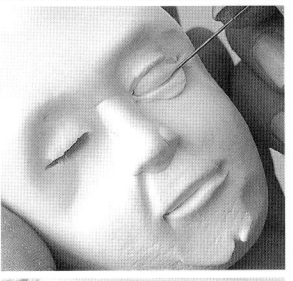

15
右目は目玉を入れたあと、上まぶたをとじ、目の下側と同化させる。

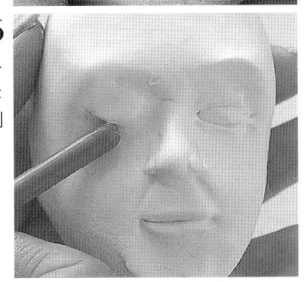

16
細工棒の先などで、鼻の穴をあける。

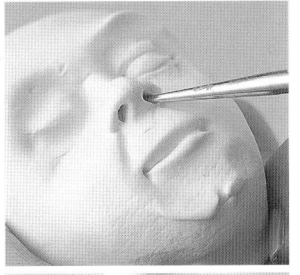

17
口の右側の口角に細工棒を当て、そのまま上に押し上げて、口の片端を上げる。唇と唇の間に、前歯を針で描き入れる。

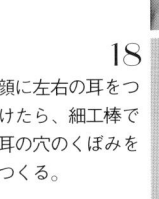

18
顔に左右の耳をつけたら、細工棒で耳の穴のくぼみをつくる。

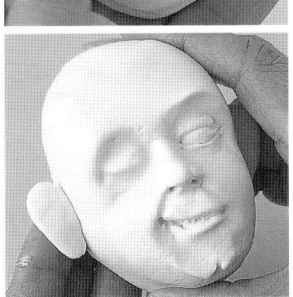

3 髪、ボディをつくる

19
首をつけ、顔と同化させる。髪の毛は、分け目から束にして頭につける。

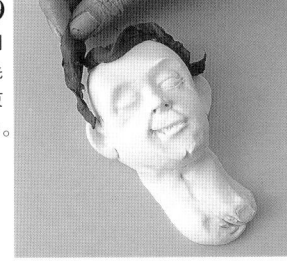

20
サンバイザーのつばとベルトをつけ、セーターを首の上にのせる。

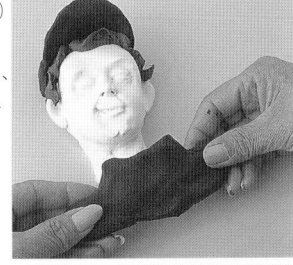

21
7本針でセーターの模様をつけ、髪の毛も7本針で毛の流れをつける。

4 手をつける

22
p.49の5本指からつくる方法で手をつくる。手の甲の筋を細工棒でつけ、指の関節を内側から線をつけ、指を曲げる。

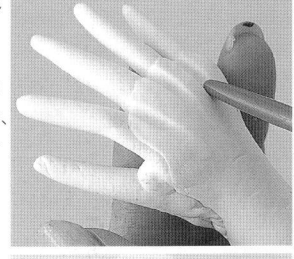

23
タイルの上にボディをのせ、さらにセーターを着せた手をバランスよく配置する。

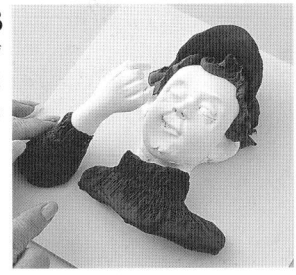

5 仕上げ

24
乾いたら、顔の色を塗る。まつ毛や眉毛も一本一本描くとリアル。最後にワイヤーでつくったメガネをかける。

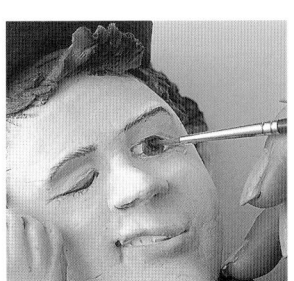

口絵28ページ

靴

とってもキュートなミニチュアの靴たち。作り方は2種類。パンプスのつま先をあけ、かかとの覆いをとれば、サンダルもできます。

〈パンプス〉
出来上がり寸法●長さ約6cm
粘土以外の材料●針金
〈ブーツ〉
出来上がり寸法●高さ約6cm
粘土以外の材料●針金

パンプス

1 パーツをつくる

1
靴の底用の粘土を平らにのばし、針でフリーハンドで底の形を描き、型を抜く。

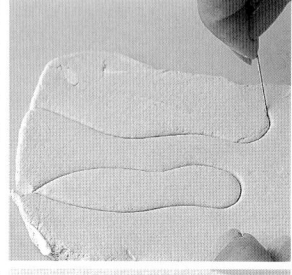

2
ハイヒールにする場合は、高さのあるものにかかとをのせ、乾かす。

3
靴の底のほかに、①甲 ②かかとを覆う部分 ③ヒール ④針金を用意する。

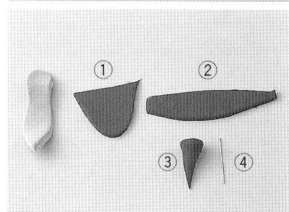

2 パーツをつなげる

4
靴の底が乾いたら、甲をかぶせ、さらに、かかとを覆う部分を巻きつける。

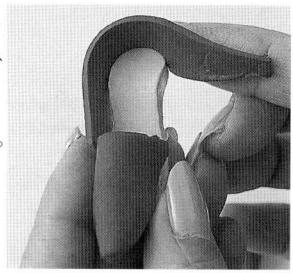

5
かかとと土踏まずの部分をカットしてデザインをきれいに整える。

6
底にはみ出した粘土も、はさみできれいにカットする。

7
ヒールに針金の頭が少し出るように刺し、⑥のかかとに刺す。

ブーツ

1 パーツをつくる

1
p.52のブーツを履いた足・2を参照してブーツをつくる。穴は細工棒であける。

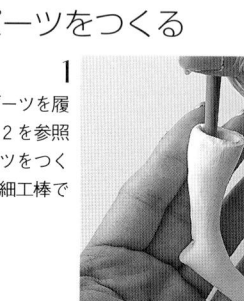

2
すねの部分に、はさみで切り込みを入れ、チャック部分をつくる。

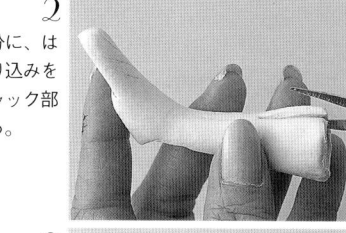

3
①靴の底 ②つま先 ③かかと ④チャック ⑤ヒール ⑥針金を用意する。

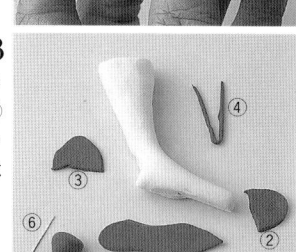

口絵29ページ

帽子

先に帽子のつばをつくり、頭部を表からくっつけたあと、裏から穴をあけます。好みで、まわりにフリルやリボンをプラスして。

出来上がり寸法●直径約5.5cm

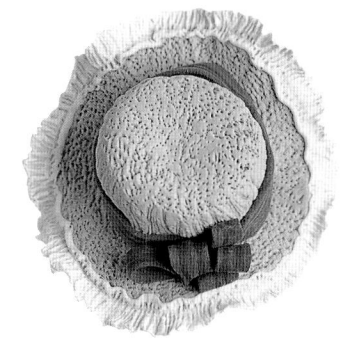

2 パーツをつなげる

4

底、甲、かかとの順にブーツにつけ、余分な粘土はカット。針金を刺したヒールをつける。

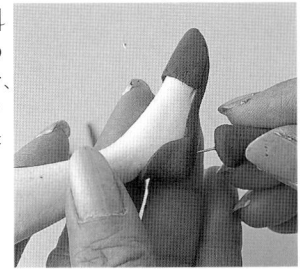

5

針で穴をあけ、甲やかかととの縫い目のステッチをつける。針で線を引いて革の素材感を出す。

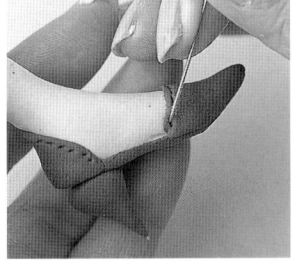

6

ブーツの切り込みの部分にチャックをくっつけ、針で線をつけ、縫い目と革の素材感をつける。

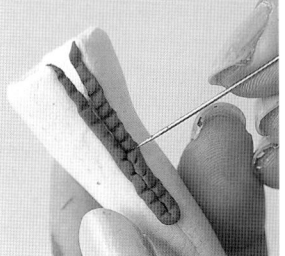

7 仕上げ

7

ブーツ本体にバラの絵を絵の具で描く。ブーツの内側にも色を塗る。

1 帽子本体をつくる

1

粘土をのばして直径約5cmにカット。まわりにロープ状にした粘土を巻く。

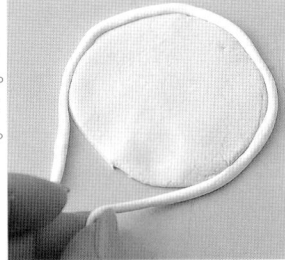

2

内側は表面をようじでつついて、模様をつける。外側は7本針でおさえてフリルをつける。

3

同じ色の粘土を直径3cm、厚さ1.5cmにして頭部をつくり、ようじでつつき模様をつける。

4

帽子の裏から指の関節を使って、穴をあける。

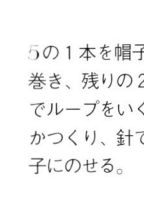

2 リボンをつける

5

リボン用の粘土をロープ状にして薄くのばし、針で切り取ってリボンを何本かつくる。

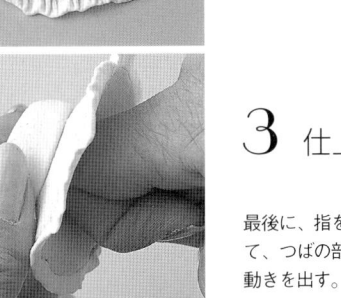

6

5の1本を帽子に巻き、残りの2本でループをいくつかつくり、針で帽子にのせる。

3 仕上げ

7

最後に、指を使って、つばの部分に動きを出す。

口絵29ページ

バッグ

どんな形のバッグも、袋の部分のデザインを決め、バッグの表面に好みのデコレーションを施してから、持ち手をつけます。

出来上がり寸法●高さ約5.5cm

2 飾りつけ

3

花は丸めて、葉は涙形にしてからつぶし、バッグの表面にバランスよく配置。

4

葉は針を使って葉脈の線を引く。真ん中に1本、両サイドに何本か入れる。

5

花は、真ん中に穴をあけ、渦巻きを描いてバラにする。

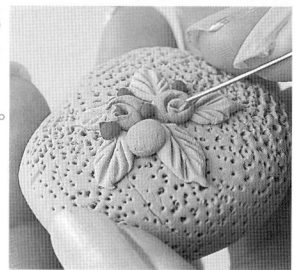

1 袋をつくる

1

適当な大きさに粘土を丸め、がま口形にカット。下側を厚めにして形を整える。

2

ようじ（10本）で表面をたたいて、バッグの布地の素材感を出す。

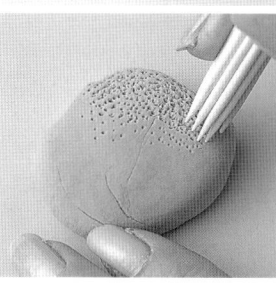

3 仕上げ

6

がま口の筋とギャザーを針で描く。

7

粘土を丸めてつくったボタンと、リボン状にのばした持ち手をつけて出来上がり。

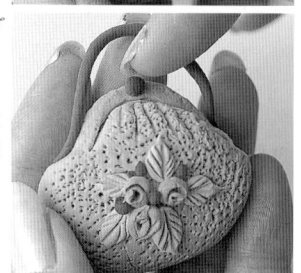

口絵36ページ

ギフトボックス

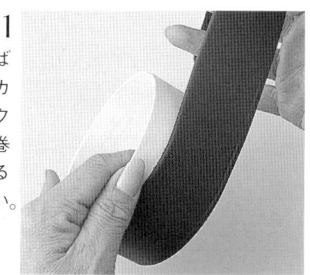

1 ボックスに粘土を巻く

1

粘土を平らにのばし、リボン状にカットして、ボックス下側の側面に巻く。ふたが重なる部分には巻かない。

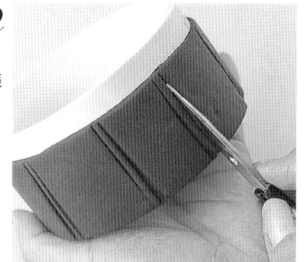

2

はさみで縦に筋を入れ、側面に模様を入れる。

3

ふたの側面にもリボン状にした粘土を巻き、上面はふたと同サイズの粘土をかぶせる。

既製の箱を使ったかわいいボックス。ふたが重なる部分だけ、粘土を巻かないようにする以外は、好きなように飾りつけして。

出来上がり寸法●直径約10cm、高さ約7cm
粘土以外の材料●直径10×高さ5cmの木製ボックス

2 飾りつけ

4
ふたの飾りつけ用の粘土には、ふたより小さめに丸くカットしたものを用意。花や葉用の粘土をバランスよく配置する（バッグ参照）。

5
全体をたわしでたたいたあと、針で花を描く（バッグ参照）。葉の葉脈は7本針で引っかく。

6
飾りつけ用の粘土のまわりをカッターナイフでおさえたあと、7本針で引っかき出してフリルをつくる。

3 仕上げ

7
ふたの上面に6をかぶせる。間に粘土を入れると、盛り上がった雰囲気に。

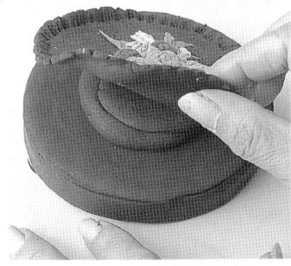

8
最後に、ふたのまわりにバラの模様やレースのフリルなどを描き入れて出来上がり。

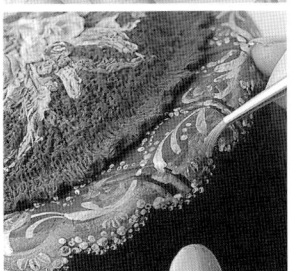

口絵31ページ

ワードローブ

身ごろや袖など、洋裁の型紙を写すように粘土を裁断。立体的になるように乾かせば、自分のほしい洋服が思いのままにつくれます。

出来上がり寸法●コート／丈約11cm（ハンガー含む）　帽子／直径4cm
粘土以外の材料●針金、ティッシュペーパー

1 洋服を裁断する

1
粘土を薄くのばしたあと、ネットで布の模様をつける（p.40参照）、カッターを使ってフリーハンドで後ろ身ごろ、前身ごろ、袖用を裁断する。

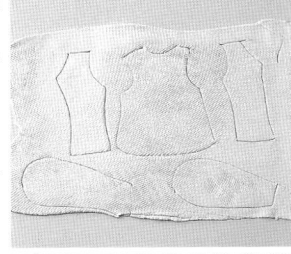

2
前身ごろと袖口にロープ状の粘土をつけ、7本針でおさえて毛皮の感じを出す。

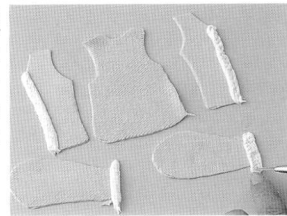

2 乾かす

3
袖はくっつかないように中にティッシュペーパーを入れてから筒状にする。

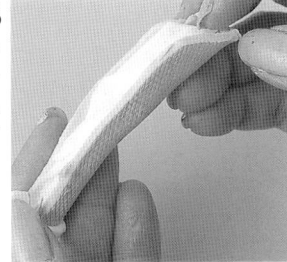

4
後ろ身ごろと前身ごろの間にもティッシュをはさんでくっつける。襟と裾にも毛皮をつけてから、袖をつける。

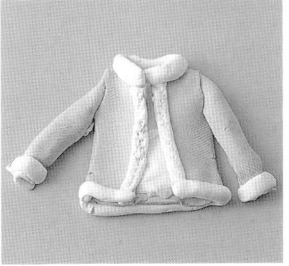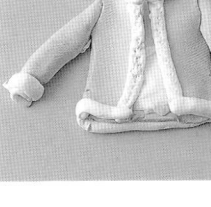

3 仕上げ

5
ハンガー形に粘土をカットし、針金の先を丸めてハンガーにする。

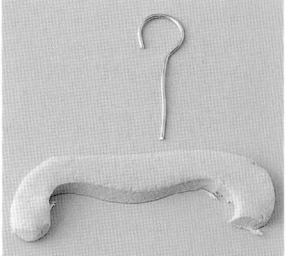

6
洋服が生乾きの状態で、中にはさんでおいたティッシュペーパーを取り除き、ハンガーを入れる。

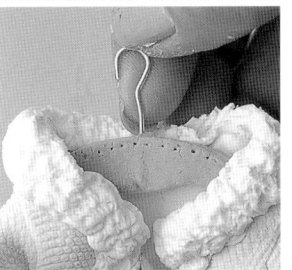

帽子

ネットで模様をつけた粘土を丸くカットし、周囲にギャザーを寄せたあと、コートと同様に毛皮をつければ出来上がり。

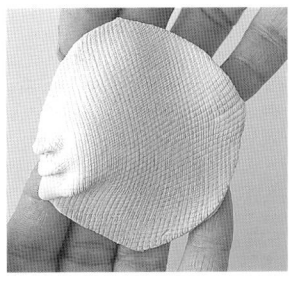

ローズのパラソル

こんな小さなおしゃれ小物だって粘土でつくれちゃう！　バラはぜひ覚えておきたいテクニック。花びらを重ねて立体的につくります。

出来上がり寸法●長さ約17cm
粘土以外の材料●針金

1　パラソル本体をつくる

1
約15cm程度の針金を用意。パラソルの柄の粘土を同じくらいの長さのロープ状にする。

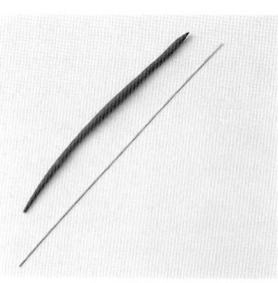

2
手で転がしながら、針金を柄の粘土の中に入れる。

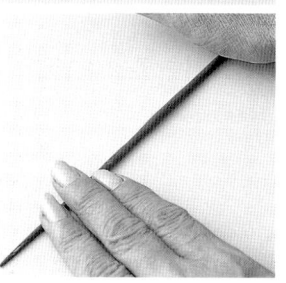

3
粘土を細長い逆三角形にして傘の部分をつくり、柄をくるむ。

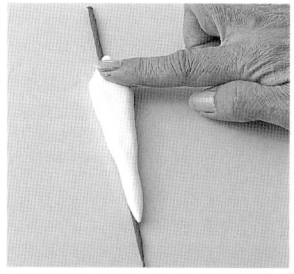

4
プリーツを入れずに、レースのフリルをつくり（p.41参照）、傘の上につける。

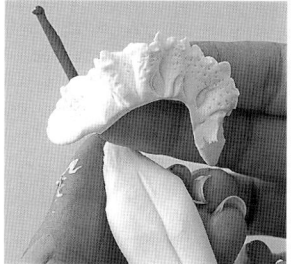

5
針で傘にギャザーを入れたあと、ようじ（10本）でたたいて、レースの模様をつける。

6
傘にリボンをつけたあと、柄に持ち手用の粘土を巻き、ようじで横に線を入れる。

2　バラをつくる

7
粘土を少量とり、手のひらの上で、人さし指を使って平らにのばす。花びらを8枚用意する。

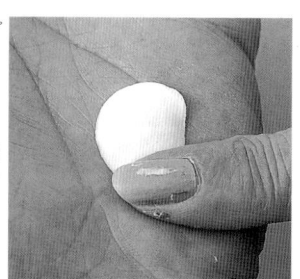

8
小さい花びらを1枚とり、端から縦に巻き、ロール状にする。

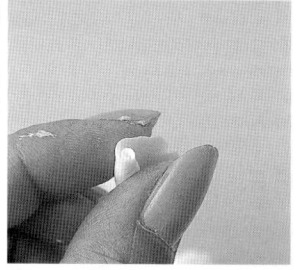

9
8の花びらを中心に、花びらを少しずつ重ねながら、1枚ずつ巻きつけていく。

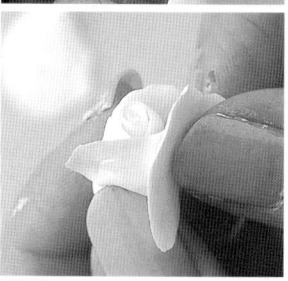

10
最後に、花の根元で絞り、余分な粘土を針でカット。

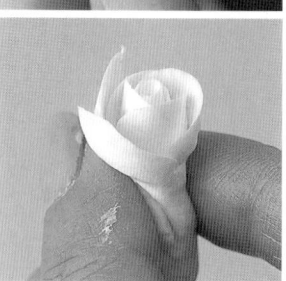

11
そのまま針にバラをのせ、パラソルのリボンの根元にのせる。

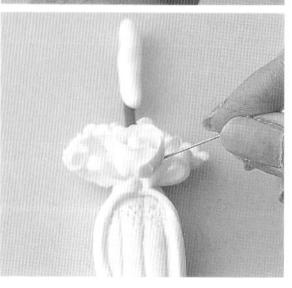

犬

体の丸みや表情が、実に愛らしい！犬。ベースのボディに足やしっぽ、顔などをつけて仕上げます。顔のパーツも粘土で表現。

出来上がり寸法●約8cm
粘土以外の材料●針金

1 ボディをつくる

1
粘土を棒状にのばして前足を2本つくり、針金を入れる。

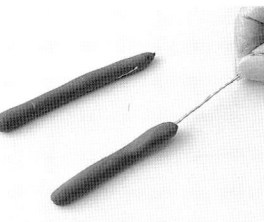

2
ボディは粘土を涙形にしてから、少し片方に傾けて、背中を丸める。

3
ボディにようじで弧を描くように溝を入れ、後ろ足のももの線をつける。

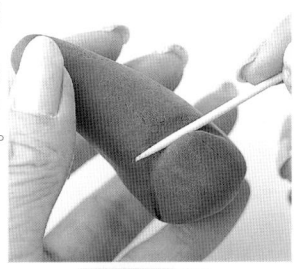

3
丸めた粘土をボディの下につけ、後ろ足をつくる。

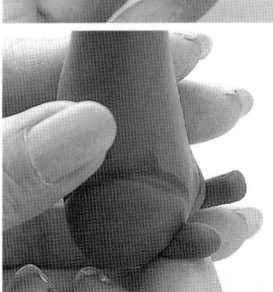

2 顔をつくる

5
①顔本体は涙形に、②耳は一段薄い粘土を中央にのせてから、楕円形につぶす。③頬は薄い色で丸を2つ、④鼻は濃い色で小さい丸を1つ。

6
耳、頬、鼻をそれぞれ顔本体につけたら、目の位置にようじで穴をあけ、濃い色の粘土を小さく丸めた目を入れる。

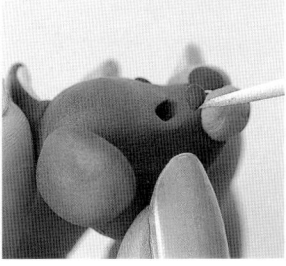

3 パーツをつなげる

7
ボディに穴をあけて首を入れ、細工棒を使って同化させる。

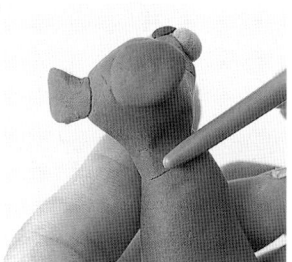

8
前足をつける位置に、細工棒でくぼみをつける。

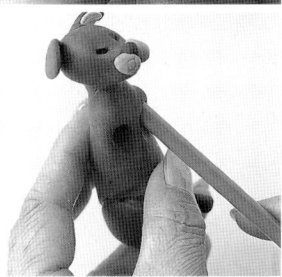

9
前足2本をくぼみに差し込み、平らにした粘土を上からのせ、ボディと足を同化させる。

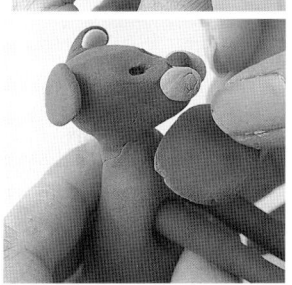

10
前足の先を曲げ、ボディの座りが良くなるように、前足の角度を整える。

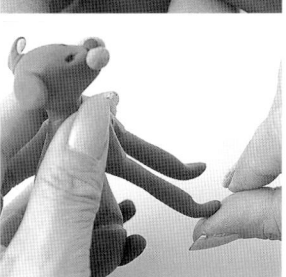
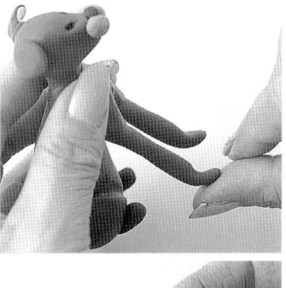

11
最後にしっぽをつけ、首に首輪を巻く。顔を少し斜めに傾けるとかわいい。

ドレス

フリル、フレア、ギャザー、シャーリング
など、あらゆるテクニックを使った作品。
人形のパーツをつくらずに楽しめる一品。

出来上がり寸法●高さ約27cm
粘土以外の材料●トルソーの足、ようじ

1 スカートをつくる

1
トルソーの足に粘土を丸めてつけ、芯とする。

2
厚さ3mm程度にした粘土を1のまわりに巻き、ウエストラインのベースをつくる。

3
スカート用粘土は、のばしたあとネットで模様(p.40参照)をつけ、15×30cmにカット。裾にカッターでフリルをつけ、フレアの山を寄せておく。

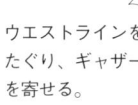

4
ウエストラインをたぐり、ギャザーを寄せる。

5
2のベースに4のスカートを巻く。ベースの上でスカートのウエストを絞り込む。

2 ボディをつくる

6
ボディ用の粘土を厚めにのばし、長方形にカット。5のウエストまわりに巻く。

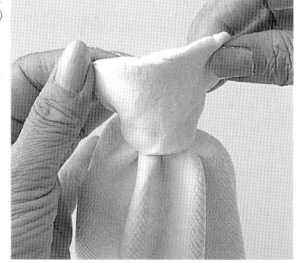

7
ボディの上にようじを刺し、首を巻いてのばし、肩をつける。胸元をきれいに同化させる。

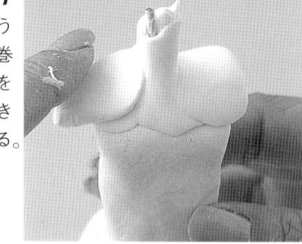

8
ビスチェ型にカットした粘土を前面にのせ、脇で同化させる。後ろもボリュームが足りなければ同様に。

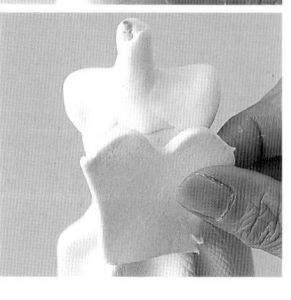

3 飾りつけ

9
レースのフリル(p.41参照)をつくり、胸まわりにつける。脇などでつなぎ、余分な粘土はカット。

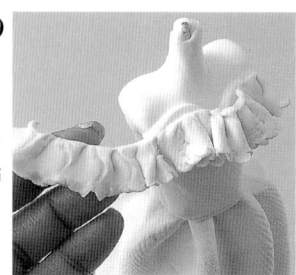

10
ビスチェにつけたフリルの上から、胸のラインを7本針でおさえる。

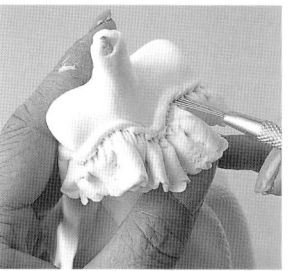

11
ビスチェの裾と、胸から下に向けて7本針でおさえ、シャーリング風に仕上げる。

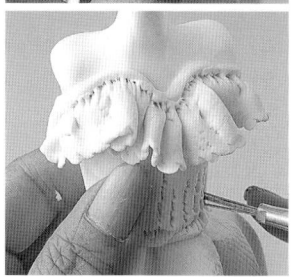

12
最後に、細くのばした粘土を2本ずつ肩ひもにしてくっつける。

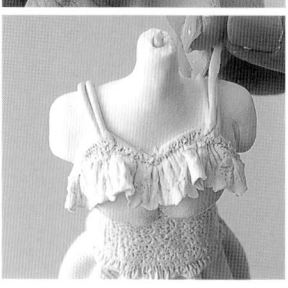

壁掛けドレス

ドレスのディテールに凝った作品。ディテールは、左ページのドレスと同じテクニックですが、平面でつくるぶん、簡単にできます。

出来上がり寸法●約24×24cm
粘土以外の材料●スタイロホーム（1cm厚）15×7cm、ようじ

1 スカートをつくる

1
粘土を平らにしてネットで模様（p.40参照）をつけ、17×40cmにカット。裾上2cmのところにロープ状の粘土をのせ、カッターで線を入れる。

2
ロープの粘土をさらに7本針でかき出す。スカートの下側をようじ（10本）でたたき、裾をカッターでおさえフリルをつける。

3
丸めた粘土をスカートの表面にいくつか並べ、ようじで渦巻きを描くようにしてバラの模様をつくる。

4
全体的にフレアの山を寄せ、真ん中だけギャザーを寄せる。上両脇を斜めに切り落としたスタイロホームにスカートをかぶせる。

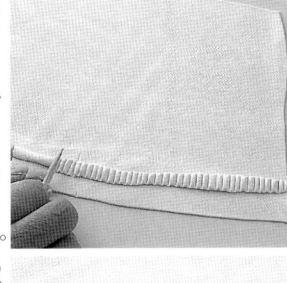

5
スタイロホームの上でウエストを絞り、スカートの両脇を折り返す。

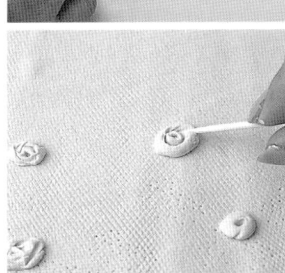

2 ボディをつくる

6
楕円状にしたボディの上にスカートをのせ、さらにウエストにひも状の粘土を足して、ボディと同化させる。

7
ウエストラインやネックラインを整え、上からようじを刺す。粘土をロープ状にして、袖をつくり、肩につける。

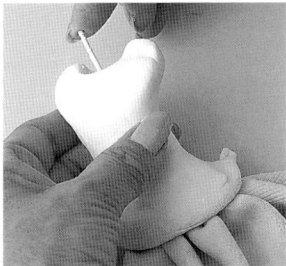

3 飾りつけ

8
リボン状にした粘土を、ブラウスの前身ごろにV字につけ、ヨークにする。

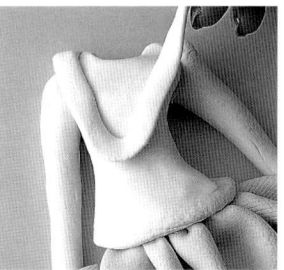

9
ウエストまわりに、カッターで縦に線を入れ、7本針でおさえてシャーリング風に。

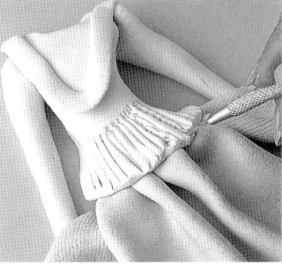

10
ヨークも内から2mmくらいのところからおさえて外にかき出し、フリルをつくる。

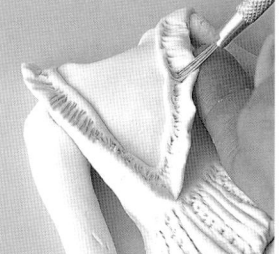

11
ヨークの内側の胸当てをようじ（10本）でたたいて、模様をつける。

12
ひも状にしたブラウスの襟を用意。p.41を参照して、レースのフリルをつける。ブラウスの首につけ、出来上がり。

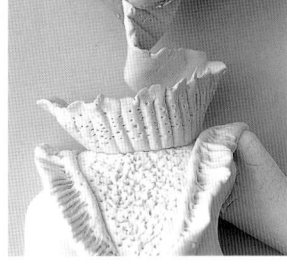

口絵32ページ

チェア

座面と背もたれには芯を、脚や接合部分には針金やようじを入れ、しっかりつくります。同じ方法で、テーブルなどもつくれそう。

出来上がり寸法●高さ約17cm
粘土以外の材料●スタイロホーム（1cm厚）7×7cm2個、針金、ようじ

1 座面、背もたれをつくる

1
座面用は四角に、背もたれ用は楕円形に、スタイロホームをカット。どちらも台形状になるように上面の角を斜めに面取りする。

2
クッション部分に丸みを持たせるため、座面も背もたれも中に粘土をはさんで、薄いシート状にのばした粘土をスタイロホームにかぶせる。

3
座面も背もたれも、スタイロホームが隠れるまで粘土をのばし、表面をたわしでたたいて、布の質感を出す。

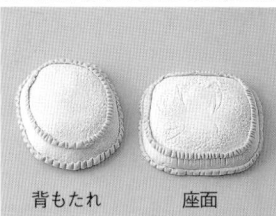

4
面取りした部分に、ロープ状にした粘土をぐるりと巻き、カッターナイフでおさえる。外側は指で引っ張り出し、フリルに。

背もたれ　　座面

2 脚をつくる

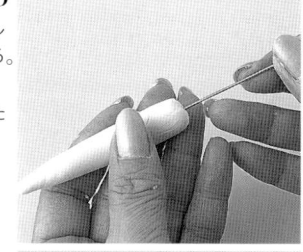

5
脚は、片方が少し細めの棒状にする。脚に針金を入れ、先から少し出したままにする。

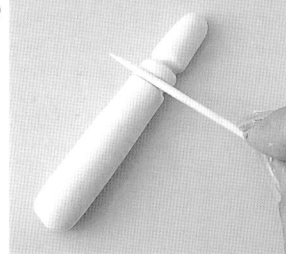

6
脚の細いほうから3分の1の位置あたりに、ようじで3本線を入れる。

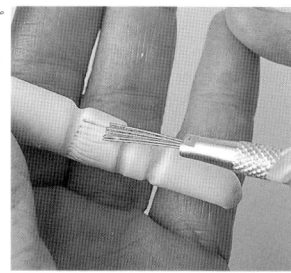

7
線の2本目と3本目の間に7本針で飾りをつける。

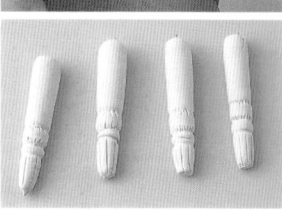

8
線の1本目より先端はようじで縦に線を入れる。全部で脚を4本つくる。

3 組み立てる

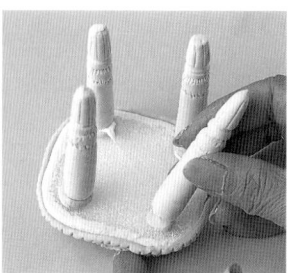

9
脚が完全に乾いたら、座面の裏に脚をくっつける。粘土をスタイロホームに接着し、脚をボンドで固定する。

10
脚の接着面が完全に乾いたら、ようじを背もたれに刺し、座面に差し込む。ようじのまわりに粘土を巻きつける。

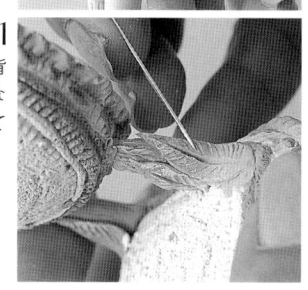

11
最後に、座面や背もたれに葉や花などの装飾を加えて仕上げる。

口絵33ページ

ソファ

座面やひじ掛け、脚など、どこも芯を粘土で
くるみ、形をつくります。布の素材感などが
出るよう、ディテールにもこだわって。

出来上がり寸法●約幅18×奥行き13×高さ17cm
粘土以外の材料●スタイロホーム(厚さ15mm)16×8cm 1枚、13×6cm 1枚、4×7cm 2枚、
　　　　　　　　発泡スチロールボール直径2cm 4個、ティッシュペーパー

1 座面をつくる

1
座面とひじ掛けの
芯にするスタイロ
ホームと脚の芯に
するボール、背も
たれ用の型紙を用
意する。

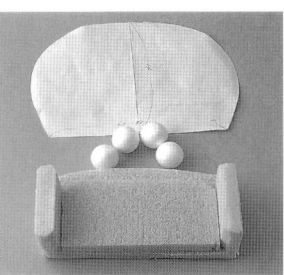

2
座面2枚を重ね、
薄くのばした粘土
をかぶせる。

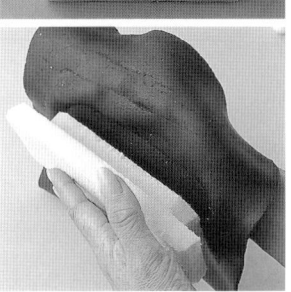

3
ひじ掛けも粘土で
スタイロホームを
つつみ、座面の両
脇にそれぞれくっ
つける。

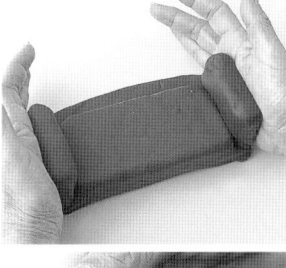

4
ひじ掛けの外側に
粘土を足し、ひじ
掛けの形を整える。

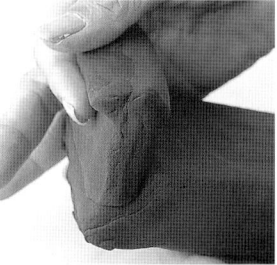

5
座面とひじ掛けの
表面をたわしでた
たいて、布の質感
を出す。

2 背もたれをつくる

6
背もたれの表側は、
型紙より大きく裁
つ。粘土で葉と花
模様をつけ（座面
の正面にもつけ
る）、たわしでた
たく。

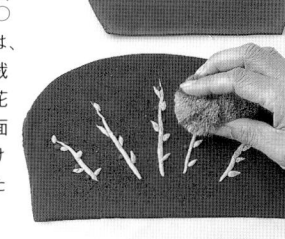

7
背もたれの裏側は、
型紙どおりに裁ち、
外側をたわしでた
たく。間にティッ
シュペーパーを入
れて、6の表側を
かぶせ、両面をく
っつける。

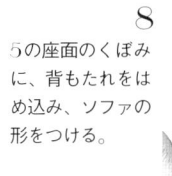

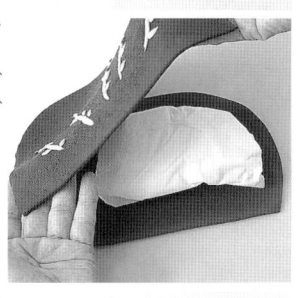

8
5の座面のくぼみ
に、背もたれをは
め込み、ソファの
形をつける。

3 仕上げ

9
背もたれのまわり、
ひじ掛けと座面の
正面や背もたれの
まわりなどを、ロー
プ状にのばした
粘土で縁どる。

10
ボールを粘土でく
るみ、脚を4つつ
くる。ソファの裏
側にボンドでくっ
つける。

11
ひも状にのばした
粘土を用意し、カ
ッターで縦に筋を
つける。ギャザー
を寄せて、ひじ掛
けの下から背もた
れの下にぐるりと
くっつける。

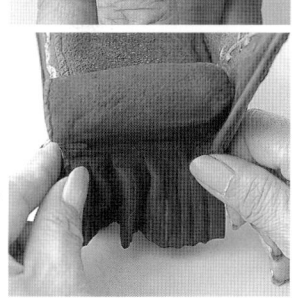

宮井和子（みやい・かずこ）
粘土工芸作家。
DECOクレイクラフトアカデミー主宰。

初心者にもつくりやすく、生活を豊かに彩る楽しい粘土工芸の普及に努める。1997年にはDECOオリジナルソフト粘土を開発。扱いやすい超軽量粘土をいち早く取り入れ、造形テクニックやセンスを生かした、質の高いオリジナル作品を発表している。全国各地に教室を開き、台湾やハワイにもネットワークを広げ、人気を集めている。主な著書に『暮らしを彩る粘土工芸』『超軽量！ソフト粘土でつくる人気のギフト』（共にNHK出版）、『クレイフラワー花遊び』（マコー社）他多数。

DECOクレイクラフトアカデミー
〒135-0042　東京都江東区木場5-2-6
TEL:03-3630-2082
FAX:03-3630-2024

STAFF
作品制作協力●中島　翠
撮影●公文美和
レイアウト・デザイン●小林直子
スタイリング●井上輝美
口絵背景画●テルミン
イラスト●day studio
校正●広地ひろ子
編集協力●広田順子
企画・編集●大塚みゆき、長坂美和、田辺沙織（クエスト21）

NHKおしゃれ工房
ソフト粘土でつくる
おしゃれ人形

2002（平成14）年9月10日　第1刷発行

著　者　宮井和子
　　　　ⓒ2002 Kazuko Miyai
発行者　松尾　武
発行所　日本放送出版協会
　　　　〒150-8081　東京都渋谷区宇田川町41-1
　　　　TEL:03-3780-3339（販売）
　　　　http://www.nhk-book.co.jp
　　　　振替00110-1-49701
制　作　クエスト21
　　　　〒150-0042　東京都渋谷区宇田川町7-7
　　　　TEL:03-3770-5775（編集）
印刷・製本　凸版印刷株式会社

ISBN4-14-031114-2　C2072　Printed in Japan